GERDA ROGERS

Ein Leben mit den Sternen

mit
Clemens Trischler

 GOLDEGG
VERLAG

Inhaltsverzeichnis

Vorwort von Gerda Rogers

Eine Autobiografie stand eigentlich nie auf der To-do-Liste meines Lebens, hatte ich doch schon einige Bücher über Astrologie, die Sternenküche oder das Wohnen mit den Sternen veröffentlicht. Als ein realistischer Steinbock stellt man sich nämlich nie in die erste Reihe, wenn man aber dann doch in den Vordergrund treten muss, lässt man sich gerne dazu auffordern – und so passieren Dinge im Leben, die man nicht sucht. Plötzlich stand »er«, Clemens Trischler, vor mir, ein wenig frech, aber mit einer gehörigen Portion Charme. Der Funke sprang wortwörtlich in der Sekunde über, sympathisch und prägnant war unser erster Wortwechsel. Vor allem faszinierte mich an ihm sein jugendlicher Elan.

Zwei Wochen später begegneten wir einander in meinem wunderschönen Baden bei Wien wieder. Ein Wink des Schicksals?

Ja, und zwar in Form dieses Buches. Er verstand es wie kein anderer, Dinge und Geheimnisse meines Lebens wieder an die Oberfläche zu bringen, die für mich eigentlich schon längst abgeschlossen und daher nicht mehr besprechungswürdig waren. Typisch Steinbock eben. Doch im Gespräch mit Clemens wurde mir bewusst, über wie viele Stationen meines Lebens sich mein Herz und meine Seele erfreuen konnten. Rückblickend muss ich sagen, dass ich tolle Menschen, einzigartige Lebenssituationen und Geschichten erleben durfte, die anderen wohl verwehrt bleiben. Heute weiß ich, dass ich dadurch viel für mein späteres Leben und Arbeiten gelernt habe und so kann ich fröhlich und glücklich den Planeten irgendwann verlassen – denn langweilig war mein Leben mit Sicherheit nicht. Danke, Clemens, dass du mit dieser Biografie mein heiteres Leben noch einmal Revue passieren lässt und mir damit ein Denkmal setzt.

Zu guter Letzt: Vielleicht kann dieses Buch auch ein Denkanstoß für Sie sein, vor allem, dass im Leben nicht immer alles planbar ist und vieles anders kommt, als man denkt. Aber wenn uns das Schicksal neue Aufgaben und Chancen bietet, sollten wir zugreifen. Den Humor in meinem Leben habe ich trotz vieler ups and downs nie verloren, weshalb ich mein Leben auch mit einem Schmunzeln und auf eine heitere Art niedergeschrieben habe. Ich wünsche Ihnen dabei viel Spaß und hoffentlich noch mehr Lacher.

Ihre *Gerda Rogers*

Sternenlady – ein Vorwort von Clemens Trischler

»Niemals werde ich über mein Leben eine Autobiografie verfassen!«, diese Worte hörte ich aus dem Mund von Gerda Rogers nicht nur einmal, und dennoch konnte ich sie letztendlich davon überzeugen, ihr Leben in Buchform zu gießen. Sie selbst spricht gerne davon, sie sei von mir quasi dazu genötigt worden.

Schneller als sie schauen konnte, saß ich mit meinem Laptop bewaffnet bereits in ihrem Wohnzimmer. Bei zig Tassen Kaffee, vielen Tagen und Nächten stellte ich ihr relevante Fragen zu ihrem bewegten Leben und mit ihrer gewohnt markanten Stimme plauderte sie forsch drauflos. Mir wurde rasch klar, welch aufregendes Leben sie bisher geführt hat und vor allem, wie viel sie noch vorhat. Dabei war unschwer zu erkennen, dass sie sichtlich Spaß an unserer Arbeit hatte – für mich das Indiz: Ich hatte sie überzeugt. Es machte mir obendrein zugegebenermaßen große Freude, Geheimnisse und verdrängte Erinnerungen wieder an die Oberfläche zu bringen. Durch diese enge Zusammenarbeit ist sie jetzt eine ideale Kombination aus Freundin, Vertraute und Mutter.

Ihre Ehen, ihre Tops und Flops, viele heitere Anekdoten aus ihrem Leben, Geheimnisse, die sie eigentlich mit ins Grab nehmen wollte, und vor allem ihr einzigartiger Weg zu Österreichs Starastrologin – all das geben wir in dieser Biografie mit einem gewissen Augenzwinkern, viel Humor und einer gehörigen Portion Selbstironie preis.

Das Leben – ein Abenteuer. Viel Spaß beim Lesen und Eintauchen in die Welt der Sternenlady Gerda Rogers,

Ihr *Clemens Trischler*

Meine Kindheit und das Leben vor den Sternen

Eine große Überraschung ereilte unsere Eltern in der Silvesternacht 1942. Frühzeitig setzten bei meiner Mutter die Wehen ein und der Weg führte sie nicht zur traditionellen Silvesterparty, sondern schnurstracks in die Klinik. In den Kriegsjahren gab es weder Ultraschall noch großartige Schwangerschaftsbetreuungen und so war die Überraschung perfekt: Es kam nicht ein Kind, es waren auf einen Schlag zwei.

Trotz der Freude über das doppelte Glück waren damit auch große Sorgen und Bedenken verbunden. Es stellte sich allein schon die Frage, wo meine Eltern einen Zwillingskinderwagen auftreiben konnten. Zudem benötigte meine Mutter eindeutig Hilfe in Form eines Kindermädchens, denn es gab ja auch unsere ältere Schwester, Inge, die ihrer Aufmerksamkeit bedurfte. Unser Vater kümmerte sich um Sorgen dieser Art – und fand schließlich Lösungen für beide dringenden Fragen.

An eine häufig wiederholende Anekdote zu unserem Neujahrsgeburtstag erinnere mich an dieser Stelle noch, als wäre es gestern gewesen. Meine Mutter hielt inne, schaute mich mit einer Mischung aus ernstem und verklärtem Gesichtsausdruck an und erzählte: »Gerda, du hast ein Glückshäubchen aufgehabt, als du zur Welt kamst.« Was das war? Ein Häubchen aus Haut, das mir die Hebamme abstreifte. Es war wohl eine Seltenheit, und zudem bringt so etwas viel Glück. Ja, und Glück hatte ich viel in meinem Leben.

Aber fangen wir chronologisch mit meinem Eintritt in diese Welt an: Geboren wurde ich als Gerda Beck am – wie könnte es passender sein – 1. 1. 1942 in Mährisch-Schönberg, dem heutigen Šumperk. Die Geburt gestaltete sich allerdings für unsere Eltern als außergewöhnlich schwierig, hatte es doch der Himmel nicht besonders gut gemeint. Und das nicht nur im sprichwörtlichen Sinn: Mit Bomben und Granaten mussten wir damals gemeinsam mit unserer älteren Schwester Inge unsere Heimat, das ehemalige Sudetenland, verlassen. Somit war ich ein Flüchtlingskind.

Durch die Kriegswirren wurde unsere Familie auseinandergerissen: Unser Vater musste ohne uns in seine Geburtsstadt Wien flüchten, während ich mit meinen Schwestern und unserer Mutter Friederike in Büdingen, in der Nähe von Frankfurt, landete. Es sollte vier Jahre dauern, bis uns unser Vater schließlich nach Österreich zurückholen konnte, weshalb ich den Schulbeginn in Deutschland absolvieren musste. Danach ging es quasi back to the roots nach Österreich. Im Prinzip bin ich eine geborene Kosmopolitin – Vater Wiener, Mutter Sudetendeutsche, Großmutter Schweizerin. Diese Mixtur der Gene hat mich wohl massiv geformt. Von meiner Mutter hatte ich vor allem den unermüdlichen Kampfgeist und die wirtschaftliche, stets asketische Lebensweise mit auf den Weg bekommen, während mein Vater die romantische und soziale Seele dazu beisteuerte. Beide waren übrigens im Sternzeichen der Fische geboren, was sich für ein Steinbock-Kind oft unrealistisch und seltsam auswirkt. Manchmal fühlte ich mich als Ratgeberin für meine Eltern, besonders in alltäglichen Angelegenheiten des Lebens. Sie waren wunderbare Eltern und versuchten uns nach dem Ende des Krieges, in all ihrer Bescheidenheit, das Mögliche möglich zu machen.

Ich erinnere mich an eine glückliche Kindheit mit viel Liebe und Geborgenheit und rückwirkend kann ich heute nur sagen, auch ohne Reichtum kann man im Herzen sehr reich sein. Wir hatten ja alle nichts – und doch waren wir glücklich mit dem bisschen, das wir hatten. Zusammen lebten wir am beschaulichen Land, zu essen gab es stets, was die Jahreszeit bot. Meine Mutter verwöhnte uns mit der sagenhaften böhmischen Küche. Sie war eine ausgezeichnete Köchin und (fast) alles, was auf den Tisch kam, schmeckte uns – bis auf den Weihnachtskarpfen. Noch heute habe ich davon ein Kindheitstrauma und kann Karpfen nicht mehr sehen, geschweige denn essen. Denn jedes Jahr wurde schon drei Tage vor Heiligabend der lebende Fisch besorgt und kam umgehend in unsere Badewanne zur »Reinigung«. Sie bildete sich wirklich ein, dass das Frischwasser den Geschmack des Fisches verbessern würde.

Der Ostertisch war für mich ebenso ein Albtraum wie der unvermeidliche Karpfen. Traditionsbewusst wurde auch in unserem Haus das Osterlamm auf den Tisch gebracht. Darauf wollte meine Mutter keineswegs verzichten. Wenn es aber letztendlich gebraten auf den Tisch kam, ging die Katastrophe los. Mit trüber Stimme und Tränen im Gesicht stotterte sie: »Das arme Lämmchen musste wegen uns sterben. Ich bringe jetzt keinen Bissen hinunter.« Und auch uns blieb selbiger im Mund stecken. Dieser Osterbrauch wurde für immer vom österlichen Speiseplan gestrichen.

Von diesen beiden Traditionen abgesehen, habe ich aber den Kochstil meiner Mutter übernommen und die einzigartigen Vanillekipferl nach ihrem Rezept finden bis heute Platz auf meinem Weihnachtstisch. Diese Kalorienbomben werde ich mir bis zum letzten Atemzug gönnen. Unvergesslich sind außerdem ihre ausgezeichneten Wildgerichte (mein Vater hatte ja im Sudetenland eine Jagd), ihr Znaimer-Braten und die unnachahmbaren Germknödeln und Buchteln. Mit diesen Rezepten kann ich immer wieder meine Gäste und Freunde begeistern. Ich wundere mich, dass mir trotz dieser üppigen Küche meine Konfektionsgröße 36 bis heute geblieben ist.

Ja, es war eine schöne Kindheit mit bleibenden Erinnerungen. Meine Schwestern und ich waren mit unseren Freundinnen stets erfinderisch und voller abwechslungsreich im Freien unterwegs: Wir fuhren Rad, spielten Räuber und Gendarm, sammelten Schmetterlinge, pflückten Blumen und genossen im Sommer Himbeeren, die unsere Mutter zu einer köstlichen Marmelade verarbeitete. Mein soziales Netzwerk hieß: draußen.

When I was a girl – auch ich war einmal jung

Ich war immer ein heiteres und lustiges Kind, folgsam und brav, und hatte überdies hatte überdies keine schulischen Schwierigkeiten. Natürlich waren unsere Bildungsmöglichkeiten in den Nachkriegsjahren sehr beschränkt, denn Computer und elektronische Rechenhilfen oder gar Handys standen uns ja nicht zur Verfügung. Wir übernahmen die abgenützten Schulbücher der älteren Jahrgänge und mussten sie uns manchmal sogar mit Klassenkollegen teilen. Unsere Lehrer bemühten sich aber, uns Lesen, Rechnen und Schreiben beizubringen – das Einmaleins beherrsche ich bis heute. Daher kann ich meine Kontoauszüge realistisch und klar wahrnehmen. Statt fernzusehen oder mit einer Playstation zu spielen, nahmen wir ein Buch zur Hand, mit dem wir in den Schlaf hineinschlummerten. Erich Kästner hatte es mir besonders angetan. »Das doppelte Lottchen« war mein absolutes Buchhighlight, wie konnte es anders sein. Mit Karl May ließ ich mich gerne in die unbekannte Ferne entführen, was damals wahrscheinlich schon der Grundstein für mein späteres Weltenbummler-Dasein war. Das Lob meiner Mutter höre ich heute noch, wenn sie ihren Freundinnen über meine Kindheit berichtete und mit stolzgeschwellter Brust erklärte: »Ich habe so brave Kinder gehabt!«

Renate und ich sind eineiige Zwillingsschwestern. Unsere Eltern konnten wir zwar nicht hinter das Licht führen, aber sonst gelang es uns oft, die Menschen zu täuschen. Nicht einmal unsere Lehrer kannten uns auseinander, was ihnen aber vollkommen egal war, da wir doch beide gleich leistungsstark waren. Schon damals erkannte ich, welcher Vorteil es ist, als Double geboren zu sein. Eine half der anderen, wenn sie bei gewissen Dingen unsicher war. Renate pushte mich gerne, denn sie war die Spontanere und Schnellere von uns beiden, ich hingegen die Zögerliche, Abwartende. Das änderte sich im späteren Leben rasant – und ich zog nach. Wie Pech und Schwefel hielten wir stets zusammen und an diesem Umstand konnten auch unsere Freundinnen nichts ändern. Wir traten einfach immer im Doppelpack auf. Egal wo, egal wann, egal wie. Sehr zum Leidwesen unserer älteren Schwester Inge – sie hatte einfach keine Chance gegen uns Steinböcke mit Hörnern und den Stacheln der Skorpione.

Natürlich hatten wir auch unseren Spaß mit zahlreichen Verehrern, zum Beispiel in der Tanzschule, und sogar bei Rendezvous konnten wir uns gegenseitig würdig vertreten. Kaum einer merkte es – und falls er es merkte, waren wir längst weg. Wir waren uns in Sachen Geschmack, Freizeitgestaltung, ja, eigentlich in allen Dingen des Lebens immer einig. Unser größtes Hobby war damals schon die Mode. Schneidern, Stricken oder Häkeln faszinierten uns so, dass wir es in jeder freien Minute taten. Unschwer war zu erkennen, was mein Traumberuf war: Modedesignerin. Ich erinnere mich noch haargenau an mein Kleid zur Firmung, es war weiß und hellblau, und wurde von einer Dorfschneiderin extra für uns Zwillinge designt. Es war entzückend. Von unserer Mutter ließen wir uns nie beraten – unser Geschmack siegte immer. Da setzten sich unsere Steinbockhörner schon durch. In jedem Fall war uns, und speziell mir, das Kleid viel wichtiger als die Firmung überhaupt. Später verwirklichten Renate und ich uns mit der Eröffnung der Boutique »Eliette« in Steyr tatsächlich diesen Traumberuf. Oh Gott, das ist fünfundvierzig Jahre her!

Sogar bei unseren Ehemännern griffen wir später auf denselben Jahrgang und dasselbe Sternzeichen (Zwillinge) zurück. Das starke Geschlecht hatte es nicht einfach mit uns. Denn wenn die Auserwählte stets im Doppelpack auftritt, ist das für jeden Mann eine große Herausforderung. Um Männer stritten wir uns trotzdem nie, es waren ja immer genug da. Im gemeinsamen Auftreten fühlten wir uns sehr sicher und eine von der anderen beschützt. Sex war zu dieser Zeit ohnehin ein Tabu, schon allein das Wort existierte nicht – und die Praxis noch viel weniger. Wir amüsierten uns dafür beim Five o'Clock Tea, die Tanzpartner rissen sich um uns und jeden neuen Tanz, egal ob Tango, Foxtrott oder Rock 'n' Roll – in Zeiten von Elvis Presley und Bill Haley besonders hipp – konnte ich mit einem anderen Mann tanzen. Sie standen Schlange. Einfach herrlich. Was für Zeiten! Heute ist das schlicht unvorstellbar und ich bemitleide die jungen Menschen von heute, dass sie den Hauch der damaligen Zeit nicht mehr einatmen können. Nun regieren Bildschirm oder Handy die Kommunikation und den Körperkontakt, während uns noch Männer im Arm hielten und zeitgleich Komplimente ins Ohr flüsterten. Ach, war das wunderbar! Es war außerdem unmöglich, auch nur daran zu denken, ohne Ehering mit einem Mann zusammenzuleben. In diesem Fall hat es die Jugend jetzt mit Sicherheit einfacher, denn wir haben ja eigentlich die Katze im Sack gekauft, wenn Sie verstehen, was ich meine. Eine Ehe ohne Probelauf.

Im Alter von fünfzehn Jahren war die Pflichtschule abgeschlossen und der Prozess der Abnabelung vom Elternhaus war nun gekommen. Mein Vater beharrte auf eine wirtschaftliche Weiterbildung von uns Schwestern. Diesen Wunsch konnten und wollten wir ihm nicht erfüllen, denn ein Leben lang nur mit nüchternen Zahlen konfrontiert zu sein, war nicht das Ziel meines Lebens. Als Steinbock konnte und kann ich zwar gut rechnen, aber ich musste es nicht unbedingt zu meinem Beruf machen. Meine künstlerische, soziale und kreative Ader berührten damals schon meine Seele.

Zur damaligen Zeit waren die Bildungsmöglichkeiten, vor allem am »Land«, bescheiden – und eine weitere Ausbildung wohl nur fern der Heimat möglich. Wien schien dabei besonders verlockend. Die Großstadt hatte auf mich eine magische Anziehungskraft ausgeübt. Hier konnte ich meiner Leidenschaft für Konzertbesuche und Theaterabende perfekt nachgehen. Ich schätzte aber auch die Anonymität der Großstadt, im Vergleich zum »Dorf«, wo jeder jeden kennt, und jeder jeden heiratet. Mein Vater legte größten Wert auf eine gepflegte Aussprache, also ging es für uns beide ab zur rhetorischen Perfektion in die Schauspielschule Krauss. Hollywood-Star bin ich leider trotzdem nicht geworden.

Schließlich konnte ich in Wien einen beruflichen Weg beschreiten, der meinen Interessen und Werten vollkommen entsprach. Ich wollte etwas für das Wohlbefinden der Menschen, quasi etwas Sozial-Therapeutisches, tun und so begann ich eine Ausbildung als Physiotherapeutin und Kosmetikerin. Ein Phänomen meines Lebens ist, dass ich irrelevante Phasen gerne vergesse. Die Erinnerungen verblassen und obwohl die Ausbildungszeit bis zu meinem erfolgreichen Abschluss einige Jahre dauerte, trat dieses Phänomen auch hier ein. Das Spital, in dem ich arbeitete, ist mir vollkommen entfallen, ich weiß weder wo noch wann genau ich dort praktizierte. Habe ich dort überhaupt praktiziert? Mit Sicherheit!

Ich beobachte diese Eigenschaft an mir als Steinbock mit Aszendent Skorpion-Geborene: Wenn ich etwas abgeschlossen habe, ist es vorbei und damit erledigt. Aus diesem Grund hebe ich mir auch keine Fotos auf. Vergangenheit kommt von »vergangen«, deshalb lebe ich lieber im Hier und Jetzt und ein bisschen in der Zukunft.

Auch ich bin übrigens ein Überbleibsel der Flower-Power-Generation. Es war Anfang der 1960er Jahre und auf einmal hieß es: Make Love, not war. Es kamen die Antibaby-Pille, LSD und Oswald Kolle, der Filmproduzent und Autor, der zu freiem Sex aufrief. Die letzten beiden Aufrufe ließ ich aus.

Das Leben der jungen Generation änderte sich und

uferte teilweise gewaltig aus. Die ersten Diskotheken hielten erfolgreichen Einzug. Erinnern Sie sich nur an den Film »Saturday Night Fever«, in dem sich John Travolta jedes Wochenende für seine Performance stylte und eigentlich nur wirken musste, denn zum Sprechen kam er ohnehin nicht. Die Musik war zu laut, zu sprechen war sinnlos, weil unverständlich. Er musste eben nur wirken, und das lebte er uns in dieser Filmrolle eindrucksvoll vor. Erstmals konnten sich junge Mädchen allein in diese Musiktempel trauen. Sie brauchten nicht mehr zu warten, bis sie von einem Mann zum Tanzen aufgefordert wurden, nein, sie stürmten auf die Tanzfläche und »shakten« drauflos. Dazu brauchte man keinen konkreten Tanzpartner, denn jeder tanzte mit jedem. Die oberflächliche zwischenmenschliche Revolution stand vor der Tür. Jedes Wochenende ein neuer Tänzer, man legte sich überhaupt nicht mehr fest. Auch an mir ging diese Epoche nicht spurlos vorbei, denn genau diese zwanglose Freiheit passte zu meiner immer abenteuerlichen Wassermann-Venus.

Im Zuge dieser Zeit machten sich Renate und ich schließlich auf den Weg nach London, wo schon damals die verrücktesten Klamotten und schrägsten Accessoires zu finden waren. Die Carnaby Street war das Eldorado der Modetrends. Auch ich schlüpfte in die knackigsten Hotpants, dazu trug ich Maxi-Mantel und Boots bis zu den Knien. Obendrein klebten wir uns falsche Wimpern auf und setzten uns Perücken in allen Farben und Variationen auf den Kopf. Es war wirklich die Hippie-Zeit.

Ich ließ nichts von all den verrückten Modetrends, Frisuren und neuen Schönheitsidealen aus. Im Nachhinein muss ich schmunzeln – wie die aufgeputzten, unnatürlichen Gestalten schritten wir fortan durchs Leben und machten wirklich jeden Blödsinn mit. Ich fand mich obendrein noch unglaublich toll und vor allem sehr schön! Eines war uns immer besonders wichtig: Wir legten ausgesprochen viel Wert auf ein gepflegtes stylisches Aussehen und High Heels beherrschten unser junges Leben.

Einen wundervollen Abend erlebten wir »Rogers-Sisters«, wie man uns fälschlicherweise oft nennt, damals noch die Geschwister Beck, im legendären Nachtclub »Crazy Horse« in Paris. Die Show war grandios, die Künstlerinnen atemberaubend schön. Erotik und Ästhetik pur. Aber auch wir blieben nicht unbemerkt und als die Show beendet war, überraschte uns der Besitzer des Clubs mit einer Flasche Champagner – und zwar nicht mit einem billigen, lauwarmen Fusel! Einem Glas edlen Schaumweins bin ich seither nicht abgeneigt. Gleich umringten uns vier Männer, aber alles ging damals sehr geordnet und gesittet zu. Geflirtet wurde naturgemäß schon und Komplimente flogen uns um die Ohren. Handys oder Ähnliches gab es damals nicht, somit wurden auch keine Telefonnummern ausgetauscht und es blieb bei diesem einen unvergesslichen Abend. In den frühen Morgenstunden bestiegen wir unser Taxi ins Hotel. Allein selbstverständlich, ohne Männer.

Wie sagte doch immer unsere Mutter: »Lasst euch nicht mit fremden Männern ein!« Das taten wir auch nicht, denn unsere Aufenthalte in anderen Städten waren immer nur von kurzer Dauer. Den berühmten »One Night Stand« gab es weder in der Theorie noch in der Praxis.

Dieses Fremdwort lernten wir erst von der jungen, nachfolgenden Generation kennen. Versäumt haben wir trotzdem nichts, dafür kam das Wort »Entertainment« nie zu kurz. Diese Kurzreisen waren stets eine Kombination aus beruflichen und privaten Agenden. Einerseits konnten wir uns auf diese Weise vom stressigen Alltag in unserer Boutique erholen, anderseits mussten wir ja auch immer die trendigsten und angesagtesten Kreationen von internationalen Metropolen in unser Städtchen bringen. Aber genau das machte uns bekannt und erfolgreich. Wir waren, wie kann es mit einer Wassermann-Venus anders sein, der Zeit stets voraus.

Love is in the air – Bruchlandungen, Ehen und andere Katastrophen

Die Liebe ist kein leichtes Spiel und schon gar kein einfacher Spaziergang. Das musste auch ich als bodenständiger Steinbock schmerzlich erfahren.

Natürlich wollte ich das Erlebnis »Ehe« in meinem Leben nicht auslassen. Im Nachhinein gesehen ist es geradezu unglaublich, mit welchen Träumen und Illusionen man an diese Materie herangeht. Wie man eine Ehe führt, wurde uns von den Eltern vorgelebt. Einmal verheiratet, hielt ein Ehepaar durch, egal wie es wirklich um die Ehe stand. Kaputtes wurde repariert und nicht weggeschmissen. Durchhalten bis zum (bitteren) Ende war die Devise. Die Realität sah freilich bei mir komplett anders aus.

Jeder von uns macht im Leben Erfahrungen, was zu einem passt – und vor allem: was nicht. Die Rolle der immer pflichtbewussten Ehefrau, die am Herd kochend, im Badezimmer die Fliesen putzend, am Abend auf den Ehemann bei gedecktem Tisch wartenden Ehefrau, gehörte bei mir definitiv zu Letzterem. Ich wollte mir selbst aber als konservativer, pflichtbewusster Steinbock beweisen, dass auch ich, so wie viele andere Menschen, dieses

Thema doch in den Griff kriegen könnte – eine Bruchlandung war jedoch das Resultat.

Ich habe diesen Fehler sogar zweimal gemacht. Zwei Ehen – zwei Bruchlandungen also.

Die erste Ehe mit Helmut, dem Englischprofessor meiner älteren Schwester Inge, war konservativ, korrekt und viel zu normal für mich – und dennoch war es eine Liebesheirat gewesen. Von seinem Geist und Witz her war er für mich faszinierend und einfach unschlagbar. Auch seine Reiselust war genau das, wofür ich eine Ergänzung in meinem Leben gesucht und somit gefunden hatte. Ja, die war er! Er lehrte mich all das, was ich auf einer Universität nicht hätte besser lernen können. In diesen Intellekt war ich verliebt und zum ersten Mal auch so richtig in einen Mann. Helmut war fünfzehn Jahre älter und genauso lange dauerte schließlich diese dramatische Erfahrung, im Volksmund Ehe genannt. Es war eine Ehe zu dritt – denn dass ich meine Schwiegermutter mitgeheiratet hatte, wusste ich zu diesem Zeitpunkt nicht.

Im Laufe der Jahre werden jedoch diese Wesensmerkmale, die am Anfang so faszinieren, selbstverständlich und mutieren zum grauen Alltag. Dann erst wird einem richtig bewusst, welchen Einfluss eine dritte Person auf eine Ehe haben kann und wie sie dieselbe verändern – oder in meinem Fall zu einem Ende der Ehe führen kann. Nein, es war keine Nebenbuhlerin im Spiel, ich wurde Opfer des berühmten Schwiegermutter-Dramas.

Im Hintergrund führte sie das Zepter und mein gut erzogener Ehemann wollte es uns beiden recht machen. Leider blieb er dabei selbst auf der Strecke. Egal, welches Thema es betraf – Kindererziehung, Änderungen im Haus oder irgendetwas anderes – ohne ihren Sanctus ging rein gar nichts. Zu allem Überfluss lebten wir in einem gemeinsamen Haus, das blöderweise der Schwiegermutter gehörte, und er hatte nicht die Kraft, es mit mir und unserem gemeinsamen Sohn Ronald zu verlassen.

Im Nachhinein frage ich mich, wie ich es fünfzehn Jahre lang nicht nur mit ihm, sondern vor allem im Hause des Schwiegermonsters ausgehalten habe. Diese Tatsache ist wohl nur meiner pflichtbewussten Steinbock-Seele zu verdanken. Im Untergrund rumorte bereits meine Wassermann-Venus und mein armer Zwillinge-Mond schrie lange hilflos nach Luft und Befreiung.

Die entzückende historische Kleinstadt Steyr war für meinen Bewegungsradius zudem viel zu klein, aber von dort aus startete ich immerhin gemeinsam mit meiner Schwester Renate in die selbstständige Phase meines Lebens. Wir eröffneten, wie bereits erwähnt, das Modegeschäft »Eliette«, das von ihr und meiner Nichte Tanja noch heute weitergeführt wird.

Das schönste »Ergebnis« aus dieser Ehe ist mein wunderbarer Sohn Ronald, zu dem ich eine sehr enge Bindung habe, und bei ihm kann ich meinen Mutterstolz voll und ganz ausleben. Er ist in die Fußstapfen seines Vaters getreten und unterrichtet heute Latein, Mathematik, Altgriechisch und Spanisch. Ein Sprachentalent, kein Wunder, ist er doch im Sternzeichen Zwillinge geboren.

Die unendlich große Reiselust meines Mannes war wohl die Faszination in dieser Ehe und hielt sie vermutlich auch so lange aufrecht. Ich bereiste mit ihm den gesamten Erdball. Zu Hause jedoch herrschte der Alltag, der mich mit der Schwiegermutter im Gepäck schnell einholte. Brav meisterte ich aber weiterhin im Dienste der Familie meine Aufgaben. Die Mutter meines Mannes war im Sternzeichen des Widders geboren, was astrologisch gesehen zu einem Steinbock wie mir von Beginn an eigentlich gar nicht passt. Da helfen auf Dauer weder Vernunft noch Verstand. Das konnte nicht mein Leben sein – und bis an mein Lebensende geistig eingeschränkt in diesem für mich eintönigen Hausfrauen-Dasein dahinzuleben, war nicht, was ich mir für ein glückliches Leben erwartete.

Für ihn hingegen war alles perfekt, er dachte erst gar nicht daran, dass mir irgendetwas fehlen könnte – denn wie alle Männer immer sagen: »Es passt ja alles, dir fehlt ja nichts!?« An Aussagen wie diesen zerbrechen die meisten Ehen – und so auch meine.

Ich packte schließlich meine Koffer und ging – zur großen Freude meiner Schwiegermutter, die das Regiment als Alleinherrscherin nun wieder voll und ganz übernehmen durfte. Aus dieser Nummer war ich draußen.

Ich fühlte eine große Erleichterung, als ich mit dem gepackten Koffer das Haus verließ. Es ging sofort auf zu meiner Zwillingsschwester Renate nach Linz, wo sie mittlerweile mit ihrem Ehemann und meiner Nichte lebte. Natürlich war es ein Aufbruch in eine neue Welt des »Nichts«, aber ich war befreit und konnte wieder tief durchatmen. Neugierig wie ich stets war, wartete ich auf das, was mich überraschen und erwarten würde. Ahnungslos, mit Illusionen und einer gehörigen Portion Mut, öffnete ich mich meinem neuen und freien Leben. Unsere gemeinsame Boutique half mir wirtschaftlich sehr bei diesem Schritt und von nun an fokussierte ich mich wieder voll und ganz auf dieses Geschäft.

Aber wie es eben so im Leben ist, wird dir in solchen Situationen unerwartet »der«, »die« oder »das« geschickt, was du für deine Weiterentwicklung brauchst. In meinem Fall war es ein »der« in Gestalt meines späteren zweiten Ehemannes James, mit dem ich in ein vollkommen extremes und abenteuerliches Leben hineinstürzte.

Die erste Begegnung fand in Teheran statt, wo ich zu einer Studienreise unterwegs war, während er dort einen Film drehte. Er war Schauspieler und Regisseur. Ich saß in der Lobby meines Hotels, schrieb Ansichtskarten und orderte beim Kellner einen Kaffee. Plötzlich stand er vor mir und fragte mich auf Englisch:

»Darf ich Ihnen meinen Kaffee anbieten?«

So war mir noch nie ein Mann »serviert« worden. Dankend nahm ich sein Angebot an und stürzte mich ins Gespräch. Ich erzählte ihm, dass ich am nächsten Tag nach Isfahan fliegen werde, worauf er antwortete:

»Wann kommen Sie zurück nach Teheran?«

Nach meinem dreitägigen Aufenthalt in Isfahan kehrte ich nach Teheran zurück, um von dort aus weiter nach Wien zu fliegen. Niemals hätte ich gedacht, dass wir uns wiedersehen würden. Doch plötzlich stand er wieder vor mir. Wir tauschten schließlich Adressen und Telefonnummern aus – und ich flog ab. Und das war der Startschuss für meine zweite Ehe.

Heiß ging es her: Teheran, Bangkok, Los Angeles und anschließend fünf Jahre Rom prägten mein plötzlich kosmopolitisches Leben. Probleme hatte ich damit überhaupt keine, denn das war genau das, wonach sich meine Wassermann-Venus schon immer gesehnt hatte. Heute hier, morgen da, einmal oben, einmal unten – es war wie auf der Hochschaubahn. Mein wichtigstes Utensil war wieder einmal mein Koffer. Und seiner, denn ich sorgte auch dafür, dass sein Koffer stets korrekt und richtig gepackt war. Auf Dauer bot dieses Leben aber zu wenig für mein Ego und zu viel für die Seele.

Na ja, die Nacht wurde zum Tag gemacht – ich lernte viele Chaoten, Möchtegerne und Lebenskünstler kennen. Ich erlebte in den 1970er Jahren die Zeit des »Dolce Vita« in Rom nach dem gleichnamigen, weltberühmten Film mit Hollywoodstar Anita Ekberg und dem Regisseur von Weltrang, Federico Fellini. Die Via Veneto war jeden Abend der rote Teppich für alle Stars, und jene, die sich dafür hielten. Den Treffpunkt dafür bildete die sagenhafte »Harry's Bar«, wo sich die Prominenten der Kategorien A bis Z die Türklinke in die Hand gaben. Und übrigens auch mir.

Die berühmte Zeit von Sex, Drugs und Rock 'n' Roll erlebte ich also hautnah mit. Natürlich nüchtern, im Unterschied zu den meisten anderen Protagonisten. Vermutlich deshalb, weil drei Dinge in meinem Leben so gar keinen Platz hatten: Alkohol, Drogen und Zigaretten. In Rom machte ich meine ersten realen Erfahrungen damit, indem ich miterlebte, wie sich Menschen mit eben diesen Dingen freiwillig zu Grunde richteten – für die kleine bürgerliche Gerda eine schockierende Erfahrung. Viele Künstler brauchen leider oft solche vernichtenden Stimulanzen, um über ihre Grenzen hinauszugehen und dadurch erst auf Touren kommen und zur Höchstform auflaufen können.

Ich war mittendrin im Geschehen, und wusste eigentlich gar nicht, ob mir das gefiel oder nicht. Mein erster Weg in Rom führte mich in die Sprachschule Dante Alighieri, wo ich mir die Grundkenntnisse dieser wunderschönen Sprache aneignete. Da ich aber immer von italienischen Freunden und Arbeitskollegen meines Mannes umgeben war, lernte ich so autodidaktisch auch die Alltagssprache.

Mein Leben war aufregend, ich begegnete vielen interessanten Menschen und eines Tages begann ich mit der Malerei. Leinwand, Pinsel und Farbe – und schon ging's los. Ob Sie es glauben oder nicht, alle bewunderten meine Bilder. Ich bekam sogar Offerte für Ausstellungen in Sizilien oder Florenz,. Manche Werke verkaufte ich, im Museum hängen sie heute leider trotzdem nicht. Für mich war das Malen trotz dieser verheißungsvollen kleinen Erfolge nur ein Hobby, ich hatte nicht vor, es zum Beruf zu machen. Dazu hatte ich ja gar keine Grundausbildung, aber ich war in jedem Fall verwundert und ein bisschen stolz darauf, welche Beachtung meine Werke hervorriefen. Fünf Jahre Erfahrung, denn so lange lebte ich in Rom, haben gereicht, um zu wissen: Auch das ist nicht mein Leben.

Auf einer Thailandreise ereignete sich schließlich etwas, das für mein heutiges Leben bestimmend, wegweisend und prägend war. Eine Begegnung mit einem buddhistischen Mönch schien mich zu fesseln. Er kam auf mich zu, schaute mich tief mit seinem vergeistigten Blick an und sprach: »Dein neuer Weg beginnt.« Damit legte sich wohl mein innerer Schalter um.

Ich konnte mit diesen Worten damals rein gar nichts anfangen – im Nachhinein ist klar: Nach zehn Jahren Ehe war auch dieser Ofen für mich aus, denn endlich war ich erwachsen geworden und durfte meinen Weg allein gehen. Die oberflächliche Lebensart, das unwirtschaftliche Denken und Handeln meines Mannes, vor allem das »von der Hand in den Mund leben« und das damit verbundene Fehlen der Zukunftsperspektive waren für mich die Liebeskiller dieser Ehe. Auch diese Bruchlandung war perfekter als von jedem anderen Piloten – ich überlebte und von nun an musste mein Mann James seinen Koffer selbst packen. Einst bekam ich seinen Heiratsantrag per Telefon, nun bekam er den Scheidungswunsch von mir per Telefon. Der Rest dieser Ehe: Rogers.

Interessante Männer begleiteten mich selbstredend auch danach auf meinen Wegen. Und wenig später peilte mich auch schon der nächste Kandidat für den Hafen der Ehe an. Es war Bob, ein Architekt aus Kalifornien, der in Saudi-Arabien eine vollkommen neue Stadt aus der Wüste stampfte. Wir begegneten uns in Rom, wo er gerade einen Arbeitsurlaub genoss, als ich gerade mit meinen Freunden die Verabschiedung aus Rom zelebrierte. Ohne Bedenken gab ich ihm schließlich meine Kontaktadresse, da er den Wunsch äußerte, in Kürze einen Wien-Besuch zu absolvieren. Der Gedanke an einen neuen Ehemann oder Partner war zu diesem Zeitpunkt vollkommen aus meinen Gedanken gestrichen. Ja, ja, iPhones und Ähnliches gab es damals nicht. Kalifornien und Saudi-Arabien waren nicht gerade um die Ecke von Linz, meiner neuen Heimat. Dachte ich!

Unendlich viele Telefonate folgten schließlich, bis er mich zu einer Nilkreuzfahrt in Ägypten überredet hatte. Das traf sich gut – Ägypten hatte mich ohnehin schon immer fasziniert und ein kleiner Gratisurlaub konnte nicht schaden. Und ob Sie es glauben oder nicht: Was denken Sie, habe ich auf dem Schiff schockierenderweise bekommen? Richtig, einen Heiratsantrag! »Nein, nicht schon wieder!«, schoss es mir durch alle meine Körperteile. Ich wollte flüchten, aber ich konnte ja nicht in den verseuchten Nil springen. Charmant und entschuldigend antwortete ich ihm: »Ich habe gerade erst zwei Scheidungen hinter mich gebracht.«

Das störte ihn keineswegs: »Honey, aller guten Dinge sind drei.«

Er ließ aber trotz meiner Abfuhr, für mich wirklich verwunderlich, nicht locker und so flog ich mit ihm nach Kalifornien. Ein Wunsch, dem ich ihm quasi erfüllen »musste«, denn er wollte mir unbedingt seine Heimat zeigen. Dort zog er wahrlich alle Register und verwöhnte mich buchstäblich von A bis Z. So flogen wir nach San Francisco, wo er im noblen Luxushotel Hyatt die Rooftop-Suite inklusive eines Butlers orderte und mir anschließend im Helikopter die Golden Gate Bridge aus jedem möglichen Blickwinkel zeigte. Während wir über die Wolkenkratzer cruisten, wurde es mir in meiner Magengegend immer mulmiger. Ich wusste nicht: War es das Abenteuer oder der Mann – was faszinierte mich? Wie auch immer, eines wusste ich: Den Ehering konnte er sich sparen.

Der letzte Stopp war das Mekka der Spielsüchtigen: Las Vegas. Die Spielleidenschaft packte mich nie, ich beobachtete eher immer die Szene am Rande des Spieltisches, als mich plötzlich ein Spieler am Arm packte und im Spielrausch stotterte: »Honey, please give a number?!« Ich sagte vollkommen unbeteiligt »27« – und ob Sie es glauben oder nicht: sie kam! Er schrie vor Glück, hob mich hoch und küsste mich auf die Wangen. Alle Blicke waren auf mich gerichtet und als ich wieder Boden unter den Füßen hatte, verließ ich fluchtartig das Casino. Für mich endete der Abend mit Vorwürfen, denn Bob platzte fast vor Eifersucht und glaubte nach wie vor, ich würde seine nächste Frau werden. Nein, da musste ich ihn enttäuschen. Ich blieb hart – und somit ging auch diese Romanze in die Brüche. Ich flog wieder nach Hause. Bob ließ ich mit gebrochenem Herzen zurück.

Es folgten nach dieser Episode immer wieder interessante Begegnungen mit mindestens ebenso interessanten Männern. Nur trat stets dasselbe Problem auf: Sie wollten mich heiraten. Jetzt. Hier. Sofort. Ich nicht!

Mir ist bewusst, für viele Frauen ist das Heiraten ja der ultimative Wunsch, ein Ziel, das sie unbedingt erreichen möchten. Ich kann es nicht erklären, aber für mich war es auf Dauer eine Zwangsbeglückung. Vielleicht war diese Einstellung auch genau das, was ich unbewusst ausgestrahlt habe, nämlich, dass ich Männern eine gewisse Distanz und Unnahbarkeit vermittelte. Unbewusst. Ich habe außerdem nie Bindungsdruck auf Männer ausgeübt, denn was man nicht bekommen kann, darum kämpft man umso mehr. In der Gesellschaft bin ich mit meiner Einstellung sicher ein Ausnahmefall, aber wie ich heute in meinen Beratungen beobachten kann, bin ich damit nicht allein. Zwanzig Prozent der Menschheit fühlen sich wohl auch ohne Ehering glücklich. Denn Liebe ist grenzenlos – ganz ohne Gesetze.

Für das Thema Ehe war der Zug in meinem Leben für immer abgefahren – und fragen Sie nicht wohin!

Das permanente Zusammenleben und Zusammensein mit meiner Schwester Renate änderte sich räumlich durch meine Ehen, aber unser geistiges Band wurde nie durchtrennt. Es wurde vor allem örtlich aber auch wieder enger geknüpft, als ich mein wildes Abenteuerleben beendet hatte und nach Österreich zurückgekehrt war.

Komplett ließ sich das Thema Männer jedoch nicht aus meinem Leben streichen.

An eine andere heitere Episode erinnere mich gerne zurück: Ich befand mich auf dem Flug von London nach Paris, ja, ja, ich Weltenbummlerin, und der Steward bat mich, ins Cockpit zu kommen. Der Pilot hatte wohl schon beim Besteigen der Gangway ein Auge auf mich geworfen – welche Faszination ich in diesem Moment auf ihn ausgeübt hatte, weiß ich bis heute nicht. Etwas verblüfft, aber typisch für meine immer neugierige Zwillinge-Seele, ließ ich mich natürlich nicht zweimal bitten und folgte ihm unauffällig. Es war wie im Film. Aber keinesfalls wie im schlechten. Die Landung in Paris war sanft und sicher und Folgeflüge ließen nicht lange auf sich warten. Von nun an wusste ich: Nur mehr Romanzen würden mein Leben beherrschen – keine Ehen mehr. Und daran habe ich mich bis heute gehalten.

Natürlich gäbe es darüber noch viel mehr zu erzählen, aber gewisse Geheimnisse nimmt man mit ins Grab. Vielleicht auch kein Fehler: Zum Glück litt ich nie an Flugangst.

Hätten mir die Sterne das Scheitern meiner beiden Ehen nicht eigentlich voraussagen können? Selbstverständlich zeigt mein Horoskop, dass ich nicht für die dauerhafte Ehe geschaffen wurde. Dazu wurde mir mein Unabhängigkeitsdrang viel zu mächtig in die Wiege gelegt. Bei zu enger Verbundenheit wird mir schlichtweg die Luft genommen. Das hat alles eine weitere Grundursache: Mit meiner konservativen Erziehung hörte ich häufig die Worte meiner Eltern:»Als Frau hast du dich unterzuordnen und durchzuhalten!« Ja, meine lieben Leserinnen und Leser, so war das damals. Heute beneide ich die jungen Frauen umso mehr, die emanzipiert und selbstbewusst durchs Leben gehen und daher Entscheidungen ganz allein treffen können.

Der Himmel hatte von jeher eine magnetische Anziehung auf mich ausgeübt – und ich glaube, in dieser Lebensphase begann schließlich mein *Leben mit den Sternen*.

Die Ö3-Sternstunden –
Schicksal meines Lebens

Zurück in Österreich wandte ich mich beruflich wieder unserer gemeinsamen Modeboutique zu. Renate hatte inzwischen expandiert und eine Filiale in der Linzer Innenstadt eröffnet. Ich bemerkte aber schnell, dass meine Seele längst der Mystik und der Astrologie gehörte. So begann ich, Kunden im Geschäft und privat Freunden mithilfe ihres Sternzeichens überraschende Auskünfte über ihr Leben zu geben. Berufliche oder private. In der Liebe oder im Job. Ich eröffnete daraufhin meine erste astrologische Lebenspraxis in Linz, im Jahr 2000 folgte durch meine Übersiedlung nach Baden bei Wien eine weitere. Schnell sprach sich genau das herum, worauf mich ein Redakteur des »ORF Oberösterreich« kontaktierte und zu einer Silvestersendung einlud. Ich sagte sofort zu.

Wenig später wurde die Sendung »Harmonie« ausgestrahlt, die sich zu diesem Zeitpunkt mit den Themen Astrologie, Pendeln und Mystik befasste, in der ich eine eigene Rubrik erhielt.

Wie alles danach begann, ob es Schicksal, Zufall, Prophezeiung oder vielleicht sogar die Sterne selbst waren, weiß ich bis heute nicht. In jedem Fall kreuzten im

Jahr 1990 einander die Wege von vier Menschen an zwei Orten.

Auf der Himmelhofwiese am Stadtrand von Wien trafen einander die damaligen »Ö3 Nachtradio«-Produzenten Angelika Lang und Peter Blau, um ihrem ersten Nachtradiobaby »Talk Radio« mit dem bekannten Moderator Dieter Moor noch eines draufzusetzen. Zuvor hatten sich der ORF-Reporter Bernhard Knappe und ich in meiner Praxis in Linz kennengelernt. Er erschien eines Tages bei mir mit den Worten: »Ich habe Sie doch in der Sendung ›Harmonie‹ auf Radio Oberösterreich gehört – Ihre Aussagen haben mich überrascht und fasziniert zugleich, und ich wollte Sie daher fragen, ob wir das auch einmal beim Nachtradio auf Ö3 machen könnten?« Ja, natürlich! Was für ein tolles Angebot!

Diese Sendung wurde wenig später ausgestrahlt und fand außergewöhnliche Beachtung.

Angelika Lang und Peter Blau faszinierte dieses Konzept vom ersten Sendeverlauf derart, dass sie auf besagter Himmelhofwiese und wegen der enormen Hörerresonanz beschlossen, mich fix an das Ö3-Nachtradio-Team zu binden. Sie boten mir eine Astrologie-Show mit »Phone-in«-Elementen an. Auf der Suche nach einem geeigneten – also einem der Astrologie mit gesunder Skepsis gegenüberstehenden – Moderator für diese nächtlichen Sternstunden, stießen sie zunächst auf den Humor-Anarchisten Oliver Baier. Nachdem jener zu neuen Medienabenteuern nach München aufgebrochen war, folgte ihm ein absoluter Frischling, es war Gerald Votava. Oliver Baier, meine Wenigkeit, Gerald Votava, Angelika Lang und Peter Blau – diese unterschiedlichen, aber irgendwie kongenialen

Komplizen machten aus den Ö3-Sternstunden einen Fixstern der österreichischen Radiolandschaft und eine noch nie dagewesene Unterhaltungssendung. Sogar heute noch, sechsundzwanzig Jahre und tausende Live-Horoskope später – und mit mir als einzige Hinterbliebene dieser Bande aus der Gründerzeit –, blinkt, glitzert und scheint es immer noch jeden Sonntag nachts am Radiohimmel. Dank euch, meine Lieben! Denn ihr mit euren Schicksalen bereichert und gestaltet die Sendung.

Besser kann man es nicht beschreiben, dieses kleine Wunder, das sich damals für mich und vielleicht auch für das allgemeine Interesse an Astrologie vollzog. Bei diesem Rückblick werde ich immer ein bisschen sentimental und jetzt weiß ich wieder ganz genau, warum ich lieber nach vorn blicke. Die Vergangenheit ist ja eh vorbei. Gerne erinnere ich mich aber an die Anfänge im alten Funkhaus in der Wiener Argentinierstraße zurück. Selbstredend konnte die damalige Studiotechnik den Möglichkeiten des heutigen ultramodernen Studios nicht das Wasser reichen. Wie auch immer – die Sternstunden und die Marke »Gerda Rogers« waren damit geboren.

Bernhard Knappe ist heute übrigens Pilot in Taiwan, er fliegt von dort aus nach Sydney und Peking, aber jeden Montagmorgen begleiten ihn die einst von ihm kreierten, mittlerweile meine, Sternstunden in sein Cockpit. Ich muss schmunzeln, er hebt also jedes Mal von der Erde mit dem Sound der Sternstunden im Ohr gen Himmel ab. Auch sie sind damit kosmopolitisch geworden. E-Mails und Anfragen erreichen uns bis heute von Kapstadt, New York, Bangkok, Hongkong – ja, eigentlich von überall.

Meine erste Sendung fand schließlich im April 1991

statt. Ein flotter, junger und dynamischer Typ erschien mit Schallplatten unter dem Arm im Studio. Es war Oliver Baier. Er kam lächelnd auf mich zu und sagte:»Wir zwei starten jetzt.« Mir blieb die Antwort im Hals stecken.

Knieschlotternd folgte ich ihm ins Studio, in der Hoffnung, dass er meine innere Aufregung nicht bemerkte. Am liebsten hätte ich mich umgedreht, um davonzurennen, aber das konnte ich ja nicht. Er schaute mich an und fragte:»Sind Sie nervös?« Ich konnte meine Aufregung wohl nicht ganz verbergen. Durch mein langjähriges Nomadendasein in den Studios dieser Welt und zuletzt durch meine Radiosendungen in Oberösterreich, dachte ich, längst keine Scheu mehr vor dem Mikrofon zu kennen und dem Rotlicht, das signalisiert, dass man live on air ist.

»Gerda Rogers verkörpert für mich die ewige Jugend. Sie ist wie eine Biene, die unbekümmert durchs Leben saust. Wenn man sie einmal kennengelernt hat, macht sie einen neugierig, mehr über sie zu erfahren.«
ELKE WINKENS

Aber das österreichweit ausgestrahlte und meistgehörte Radioprogramm von Ö3 stellte offenbar doch eine neue Dimension dar, die meine Nerven wohl noch nicht kannten.

Oliver klopfte mir auf die Schulter und meinte:»Brauchens gar nicht aufgeregt sein. Wir schaffen das.«

Nach den ersten Anrufern, die ich positiv verabschieden konnte, wurde ich etwas ruhiger und auch gelassener. Das Lampenfieber war wie weggeblasen. Von nun an war ich, wie in meiner Praxis auch, nur noch die Astrologin, die auf die Rat suchenden Hörer und Hörerinnen einging und dabei völlig vergessen hatte, dass uns ja hunderttausende Menschen zuhörten. Die Grundfaszination der Sendung war, und ist es heute noch, dass ich mithilfe der Astrologie auf Themen verblüffende Antworten geben konnte, die ich als Person Gerda Rogers gar nicht wissen konnte – rückblickend und vorausschauend. Eine Entscheidungshilfe für jedermann war geboren. Egal ob es den Job, die Liebe oder andere Bereiche des Lebens betraf. Das Ziel der Sternstunden war es, ein astrologischer Wegweiser für Ratsuchende zu werden.

Die positive Atmosphäre und Zusammenarbeit mit Angelika Lang und Peter Blau hatten mir einen guten Teil meiner Aufregung genommen und damit zu diesem fulminanten Start massiv beigetragen. Später versuchten wir, die Sendung mit prominenten Überraschungskünstlern, denen ich zuvor noch nicht begegnet war, noch spannender zu machen. Mir wurden vorher lediglich die Geburtsdaten dieser Promis gegeben und nur anhand derer sollte ich eine astrologische Prognose erstellen. Damit stand nicht nur meine Fachkompetenz, sondern auch die Astrologie selbst auf einem öffentlichen Prüfstand wie nie zuvor.

Erst nach meiner Analyse ging die Türe auf, sie beziehungsweise er kam herein, und ich war überrascht, ja selbst ich, wie treffsicher doch meine Analyse der Sterne auf sie passten.

Die größte Fehlerquote bei der Deutung eines Horoskops besteht darin, dass die wenigsten Menschen, und so auch unsere Stargäste, über ihre exakte Geburtsstunde Bescheid wussten. Meistens bekam ich nämlich nur »vier Uhr früh«, »zwölf Uhr mittags« oder »drei Uhr nachmittags« als Angabe, worauf man schließen müsste, dass die meisten Menschen genau zur vollen Stunde geboren sind.

Denn wenige Minuten Differenz können bereits gravierende Unterschiede ergeben. Beispielsweise kann sich dadurch der Aszendent und das ganze Häusersystem verändern und die Aussagen können ein vollkommen unpassendes Charakterbild ergeben.

Radiosendungen unterliegen wie vieles andere großen Wandlungen, doch ich wurde immer mit netten, talentierten Moderatoren beglückt. In besonders inniger Verbundenheit war und bin ich mit Peter L. Eppinger, ist er doch mein jahrelanger Wegbegleiter auf meinen nächtlichen Sternenbahnen gewesen. In vielerlei Hinsicht verkörperte er eine Synthese aus den unterschiedlichen Charakteren seiner Vorgänger. Als Wassermann mit Aszendent Löwe vereint er in sich eine skurrile Originalität und die Kreativität seines Sonnenzeichens. Auf der anderen Seite versprüht er einen unglaublichen Charme und eine familiäre Verbundenheit, die den Höhepunkt darin fand, dass ich seine Trauzeugin bei seiner Hochzeit mit der wunderschönen Nina werden durfte. »Ich hätte schon gesehen – jetzt gibt's was zu essen«, damit eröffnete ich das sensationelle Buffet. Und erst der Gesang in der Kirche vom lieben Julian le Play! Zu allem Überfluss musste ich zum ersten Mal in meinem Leben Fürbitten sprechen. Ach, war dieses Fest schön und berührend! Was ich überdies bei den Sendungen besonders schätzte: Er wusste immer genau, was er wollte, und er versuchte jedes Mal, der Sendung einen besonderen und neuen Touch zu verleihen. Er war – und ist es auch noch heute – immer seiner Zeit voraus, und das war natürlich das Salz in der Sternstundensuppe.

Mein lieber Eppi hat mich stets mit seiner kreativen Ader
begeistert und so auch mit folgendem Gedicht:

Eppi – Ich schreib’ eben mein neues Buch
und bevor ich letzte Worte such’
was sagst Du denn zu der Idee,
bemühtest Du Deinen berühmten Schmäh,
und tippst was in die Laptoptasten,
um meine Schreibblockade zu entlasten.
Na gut, ich hab’ grad nichts zu tun,
jetzt sitze ich bei Tisch und nun,
gilt’s schöne Worte zu finden,
um Sie – liebe Leser – am End’ noch zu binden,
beginnen wir mit einem leichten Reim.
Es muss ja nicht gleich Burgtheater Deutsch sein:
Ich *schütze* mal, Sie kennen sie,
die Radio-Frau von der Galaxie,
Sonntagabends sieht sie immer *widder,*
die Zukunft ihrer Sternenkinder.
Arm an Geld, also auf gut Deutsch ganz *stier,*
fragt nach der Zukunft jedes Tier.
Es *fisch*t ein jeder nach etwas Glück
und hofft nur auf ein kleines Stück
vom positiven Jupiter und Mars.
Und wer jetzt schon glaubt – gut, das war’s:
begeb’ ich mich auf die Suche nach dem nächsten
     Reim,
auf die nächsten Sternzeichen sollts’ passend sein.
Da fehlt etwa noch der berühmte *Stein-*
Bock aufs Weiterlesen? Na gut, sehr fein.
Es begab sich vor bald dreißig Jahr

vor einem Radiomikro ja ganz wunderbar:
Ein *Zwilling*, gemeint hier eine zweite Schwester,
wie eben auch sie geboren zu Silvester.
So begann die eine in den Achtzigerjahren
stets mit dem großen *Waagen* zu fahren.
Und sprach selbst aus dem Autolautsprecher
zu liebenden, Singles, auch zum Ehebrecher:
»So reicht ihr endlich *Wasser, Mann*,
damit sich die gute Frau räuspern kann.«
Doch weit gefehlt diese glockenhelle Stimme
ward ihr angeboren, und gar nicht schlimme.
Für manche ein Stachel im Ohr spitz wie beim
    Skorpion,
für viele bald ein wohl vertrauter Ton.
Und so kams, dass dieses zierliche Wesen –
schön, *jung* – *Frau* seither prognostiziert als
    wär' nichts gewesen,
auch für jeden *Krebs* was sieht
und so der letzte Reim nun von dannen zieht.
Na gut – einen leg' ich noch als Zugabe drauf,
also hören Sie bloß nicht zu lesen auf:
Beim *Löwen* fällt mir bloß nichts ein,
also lass' ich's doch lieber sein.

Mit überraschenden Ideen konnte man bei meinem lieben Eppi wahrlich immer rechnen. Als wir unser Live-
programm auf der Ö3-Silvesterbühne am Wiener Hof
performten, spielte er einmal den großen Zauberer David
Copperfield und offenbarte allen den berühmten Zwillingstrick. Ich musste rechts die Bühne verlassen und auf
Fingerschnipsen war »Ich« links schon wieder da. Eppi

war total in seinem Element. Die Zuschauer waren begeistert, zumindest bis das Rätsel gelöst wurde, dessen Lösung war: Wir beide (Renate und ich) standen auf der Bühne. Ein eineiiger Zwilling kommt eben selten allein.

Den Zwillingstrick verwendete er auch einmal in den Ö3 Sternstunden. Renate war zu Gast und die Hörer mussten erraten, wer von uns beiden die astrologische Antwort auf die Frage gab. Mit unseren identen Stimmen für die Anrufer ein schwieriges Rätselraten – fast alle tappten im Dunkeln. Einst passierte es sogar unserer eigenen Mutter, dass sie uns am Telefon nicht voneinander unterscheiden konnte und sie stellte oft die Frage: »Mit wem spreche ich denn jetzt?« Wir waren uns, nach den Worten von selbiger, so ähnlich, dass wir bei der Taufe sicher vertauscht worden waren und sie mit uns nach Hause kam und nicht mehr wusste, wer als Gerda und wer als Renate getauft worden war. Denn das Merkmal, ein leicht wegstehendes Ohr meinerseits, war durch die Winterhaube während der Taufe nicht mehr zu erkennen gewesen. Vielleicht heiße ich eigentlich Renate. Auch egal.

»Gerda Rogers ist als Ganzes ein Hit. Vor allem dann, wenn man ein paar Stunden mit ihr verbringen darf. Man muss sie einfach liebhaben, wenn sie Sonntag für Sonntag mit einem breiten Grinsen im Gesicht und unüberhörbarem ›Hallo, Kinder, da bin ich – wie geht's?‹, die heiligen Hallen von Ö3 betrat.«
PETER L. EPPINGER

Gerald Votava, ein Krebs-Mann, hinterließ neben Eppi ebenfalls einen sagenhaft kreativen Eindruck und dennoch hat er leider meine Sternenbahnen zu schnell verlas-

sen – aber so ist das eben im Leben mit jungen, aufstreben-
den Talenten. Sie müssen ihren vorgegebenen Lebensweg
weitermarschieren. Heute kennt man den Romy-Preis-
träger vor allem als vielbeschäftigten und erfolgreichen
Schauspieler und Regisseur aus Filmen wie »Tempo« oder
»Wanted«.

Er schenkte mir folgende Zeilen, die mich sehr berühren:

»In der interstellaren Raum-Zeit-Sternen-Glas-Kugel sehe
ich Gerda Rogers – schon damals atemberaubend gut-
aussehend und unwiderstehlich sympathisch – Mitte der
Neunzigerjahre im alten Ö3-Studio, Aufnahmeraum 4
mit Siebzigerjahre-Charme ohne Ende. Die Sternstunden,
damals mit Gerda und Gerald und Überraschungsgästen
wie Peter Stöger oder Otto Schenk, Johanna Dohnal und
Freda Meissner-Blau, Campino, Udo Jürgens, Dagmar
Koller, Georg Danzer ...: *u name 'em, we had 'em.*)
Gerda Rogers astrologische Betrachtungen waren ideale Ausgangsbasis für manchmal wilde Diskussionen und
ausladende Gespräche bis hin zum allgemeinen Philoso-
phieren und Fantasieren. Mit oft beeindruckend offenher-
ziger Beteiligung unserer HörerInnen übers Telefon von
zu Hause oder der Nachtarbeit und, damals ganz neu und
Science-Fiction, sogar live aus dem Auto am Heimweg
nach dem Wochenende.
Es war schon auch manchmal sehr ernsthaft, aber die
Stimmung war heiter, es ist viel gelacht worden. Die Sternstunden des ausklingenden zwanzigsten Jahrhunderts
waren von einer positiven und zuversichtlichen Grundhal-
tung: Schöne Erinnerungen eigentlich. Danke!!!

Und ein dickes Zwickerbussi zum Jubiläum, liebe Gerda, vom Gerald«.

Mit Gerald erlebte ich außerdem zwei sagenhafte Begegnungen mit unseren prominenten Stargästen:

Udo Jürgens wollte eigentlich nur zehn Minuten bei uns verweilen, da er zuvor ein Livekonzert in Wien zum Besten gegeben hatte, doch daraus wurde nichts. Er blieb bis zum Ende der Sendung. Denn auch ihn hatte das Sternenfieber erfasst, und nicht nur das, er gab sogar Ratsuchenden tolle Ratschläge anhand seiner eigenen, turbulenten Lebenserfahrungen. Er moderierte eifrig mit und übernahm quasi meine Arbeit. Danke, Udo Jürgens, *merci cherie*!

Und Dagmar Koller überraschte uns mit ihrer herzlichen und offenen Art! Gerald Votava und mir blieben fast die Worte im Mund stecken, als sie ihre Handtasche öffnete und ein exquisites Sortiment an Kondomen herausholte. Von Himbeere bis Biene Maja war alles dabei. Mit ihrem lockeren Umgang zum Thema Sex hatten auch wir unglaublich viel Spaß. Gerald hatte alle Hände voll zu tun, sie wieder auf den Weg der Sternenbahnen zurückzuführen.

Thomas Kamenar, ein Fische-Mann, folgte auf Peter L. Eppinger. Sein Karrieresprung bei Ö3 als »Mister Weekend« und vielen anderen Sendungen sowie seine Verpflichtung für das slowakische Fernsehen lässt ihm leider nur mehr einmal monatlich die Zeit, die Sendung mit mir zu moderieren. Uns verbinden bis heute in jedem Fall fast familiäre Beziehungen – seine Frau Petra etwa, eine begnadete Fotografin, knipste die Fotos für dieses Buch. Mit seiner einfühlsamen, sanften und romantischen Stimme ist er der absolute Idealkandidat für Jung bis Alt, der perfekte Schwiegersohn.

Sie waren alle meine »Kinder«, die mir sehr ans Herz gewachsen sind. Und ich freue mich, dass sie alle erfolgreiche Wege weitergehen – mit ihren eigenen Kindern, für die ich jetzt die »Oma« bin.

Und dann kam, wie könnte es anders sein, im Wassermannzeitalter, dem Zeitalter der Frauen, das perfekte Frauenduo in Gestalt von Gerda Rogers und Sylvia Graf. Welch Überraschung für die Hörer – keine Männerstimme im Äther. Aber wir haben es geschafft – auch dieses heitere Gespann, die quirlige, authentische Sylvia, die gerne die Dinge beim Namen nennt und die zurückhaltende Gerda. Ein Duo, das wunderbar ankam. Jede Sendung wird von ihr mit »Alles rogers, Frau Rogers?« eingeleitet, während Eppi einst mit den Worten »Hier ist the one and only Gerda Rogers« in medias res ging. Noch heute muss ich schmunzeln, wenn ich darüber nachdenke.

Sind wir Frauen vielleicht einfühlsamer und verständnisvoller? Ich sage: Ja! Und Männer schätzen das. Auch sie vertrauen uns gerne ihre Karrierewünsche, Verlustängste und Liebesprobleme an. Ich danke allen unseren tollen Anrufern für die spannenden Gespräche!

Das Liebeskarussell dreht sich, die Hochschaubahn der Gefühle steht nie still.

Frauen sind meiner Erfahrung nach im Allgemeinen astrologiegläubiger als Männer, aber das Blatt hat sich im Laufe der letzten Jahre in dieser etwas Hinsicht gewendet. Auch Männer nehmen heute zunehmend lieber Astrologie, vor allem für berufliche oder familiäre Entscheidungen, in Anspruch. Und sogar Wirtschaftskapitäne, Unternehmer und Manager ziehen mich gerne beratend hinzu.

Auch die liebe Sylvie hat ein paar nette Worte für mich übrig: »Meine Ich-hätte-schon-gesehen-Gerda ist für mich einfach ein Unikat. Sie ist schwer zu beschreiben, weil Mutter, Freundin, Beraterin und Kollegin in einer Person. Wie soll ich sie nennen? Beste Freundin? Auf alle Fälle, weil sie einfach zu viel von mir weiß. Sie liebt auch meine direkte, unbekümmerte und, nennen wir es, bodenständige Art. Vor allem mein ungezwungener Umgang mit dem Thema Sex belustigt und schockiert sie jedes Mal aufs Neue. Meine liebe Steinbock-Gerda, das ist der Wassermann in mir, aber das weißt du ja, und um 22 Uhr sollten Kinder auch schon längst im Bett sein und schlafen. Wenn es in den Sternstunden ans Eingemachte geht und ich die Frage stelle: ›Na, wart ihr schon im Bett oder nicht?‹, dann liebe ich einfach ihr verschmitztes Lächeln und die Handbewegung mit den Worten: ›Geh, Syl-

»Ohne Gerda wäre ich nicht da, wo ich jetzt bin. Als ich die Sendung 2004 übernommen habe, war ich als Moderator noch grün hinter den Ohren. Ich habe in dieser einzigartigen Sendung mit dieser einzigartigen Frau alles gelernt, was man als Moderator können und haben muss. Vielen Dank, liebe Gerda, für alles und noch so viel mehr.«
THOMAS KAMENAR

vie.‹ Diese Liebeserklärung reicht nicht, um zu beschreiben, wie wertvoll du für mich bist! Bis Sonntag, 22 Uhr auf Ö3.«

»Meine Lieben, sonntags nie!«, heißt es in meinem Leben. Denn der ist reserviert für die Sterne on air: So naht der Abend und ich packe meine beiden Laptops, einen rosafarbenen und einen schwarzen, in meinen Kofferraum, starte den großen Wagen und sause nach Wien. Der Empfang bei Ö3 ist immer ein herzliches »Hallo« und ich stürze mich auf hunderte E-Mails, die wöchentlich bei uns eintrudeln.

Menschen, die etwas Scheu haben, ihre Probleme öffentlich im Radio mit uns zu erörtern und zu besprechen, haben daher die Möglichkeit per E-Mail ihre Wünsche und Anliegen an uns beziehungsweise an mich zu richten. Leider ist es natürlich nicht möglich, alle Anfragen zu beantworten, pro Sendung werden davon sechs herausgesucht, die während unserer zweistündigen Sendung dann via Radio behandelt werden. Auch dieses »Sternenservice« erfreut sich größter Beliebtheit. Die meisten wollen vor allem wissen, wie es im Job weitergeht, in der Liebe, ja, eigentlich bei allen Themen, die uns menschlich bewegen.

Danach erfülle ich noch aktuelle Wünsche für den Ö3-Wecker und selbstverständlich habe ich auch immer ein offenes Ohr für alle Lieben, die dort fragen: »Schaust du mir in die Sterne?« Aber natürlich!

Die »Sternstunden« haben in den letzten sechsundzwanzig Jahren eine wesentliche Rolle in meinem Leben eingenommen. Ich freue mich schon jeden Sonntag auf den kommenden, denn es ist mir bis heute ein großes Anliegen, meine sozial-therapeutische Ader hierbei voll und ganz ausleben zu können. Auch für mich ist es jedes Mal aufs Neue ein Hinterfragen der Astrologie. Kann man aus einem Horoskop Dinge ersehen, kommentieren und Zukunftstendenzen erkennen? Ja, denn laut Rückmeldungen unserer Hörerinnen und Hörer, auf die wir besonders großen Wert legen, werden Voraussagen bestätigt, die zum Zeitpunkt des Anrufers noch gar nicht erkennbar sein können. Aber zurück zu meinem Sonntag bei Ö3.

Eberhard Forcher spielt gegen 21:50 Uhr die letzten Hits seiner Sendung »Solid Gold«. Und dann geht es schon los: Wir starten. Mystisch wird es bei uns im Studio und jetzt öffnen sich zwei Stunden die Sternenbahnen für unsere große Hörerschar. Während das heutige Ö3-Szenario im Wesentlichen aus einem Großraumbüro mit zentral integrierten und ebenso transparenten Studios besteht, drängten wir uns früher in kleinen, alten Räumen, die fast Wohnzimmer- bzw. Kabinett-Flair versprühten, oder auf jenem engen, langen Gang,

Gerda ist für mich einfach ein Unikat. Sie ist schwer zu beschreiben, weil Mutter, Freundin, Beraterin und Kollegin in einer Person. Wie soll ich sie nennen? Beste Freundin? Auf alle Fälle, weil sie einfach zu viel von mir weiß. Diese Liebeserklärung reicht nicht, um zu beschreiben, wie wertvoll du für mich bist. Bis Sonntag, 22 Uhr auf Ö3.«
SYLVIA GRAF, Ö3 Moderatorin (seit 2013 Sternstunden)

auf dem die Studios damals lagen. Auf diesem konnte man kaum kollisionsfrei aneinander vorbeigehen. Die Telefonleitungen glühen beim Start unserer Sendung und unsere Assistentin hat alle Hände voll zu tun, die Anrufe entgegenzunehmen, bevor sie zu uns ins Studio durchgestellt werden. Auch für sie bei hunderten von Anrufen wahrlich ein schwieriges Unterfangen. Aber gemeinsam sind wir stark – und ein grandioses Frauenpower-Team. Ein oftmals typischer Aufschrei von den Hörern lautet: »Endlich bin ich durchgekommen, ich habe es ja schon drei Jahre lang immer wieder probiert!«

Dabei werden wir mit den kuriosesten Fragen überrascht, Themen, die eben nur das Leben schreibt. Die Sendungen gestalten ja letztendlich nicht wir, nein, es sind die Hörerinnen und Hörer!

Auch ich lerne sehr viel in meiner Sendung: Zum Beispiel was ist ein »Crossdresser«?

Wissen Sie, was das ist? Ich wusste es nicht. Die Auflösung: ein Mann, der gerne weibliche Kleidung trägt. Ein ebensolcher stellte mir on air die Frage: »Wäre heuer noch ein guter Zeitpunkt, mich zu outen?« Ja, diesen Rat konnten wir geben, wir leben ja im 21. Jahrhundert! Tut doch das, was eurer Seele guttut. Mit dieser Aussage konnte ich ihm auch den Druck aus dem Herzen nehmen.

Wiederum eine andere sehr interessante Männerstimme stellte mir live on air die Frage: »Sehen Sie, dass meine Frau fremdgeht?« Bevor ich überhaupt antworten konnte, kam schon blitzschnell seine Gegenantwort: »Sie können es eh sagen. Ich stehe nämlich vor dem Hotel, in dem meine Frau gerade mit ihrem Liebhaber ein Schäferstündchen schiebt.« Jedes Wort danach war überflüssig. Und die Musik half uns, zum nächsten Fall überzuleiten. Denn das nächste Schicksal wartete bereits sehnsüchtig in der Leitung.

Eines ist immer gleich: Wir wissen, wenn wir starten, nie, was in der Sendung passieren wird und wer am anderen Ende der Leitung sitzt.

Ich wurde oft gefragt, ob die Sendung aufgezeichnet ist. Nein, meine Lieben, da ist nichts getürkt, nichts geschoben. Das ist tatsächlich eine Livesendung. Tabufragen in unserer Sendung sind allerdings jegliche Gesundheitsthemen, denn dafür gibt es Ärzte – aber sonst ist eigentlich nahezu alles möglich und erfragbar. Selbstverständlich muss man auf sensible Menschen auch dementsprechend sensibel reagieren, es sollte aber dennoch die Wahrheit im Fokus stehen, denn wir sind ja keine Rate-Show oder Wunschsendung. Hier geht es um das Leben und seine Fragen. Zufrieden bin ich dann, wenn auch der Hilfesuchende oder die Hilfesuchende zufrieden das Gespräch mit uns beendet. Die Beratungszeit pro Anrufer, drei bis vier Minuten, reicht leider zwar nicht für eine umfangreiche Prognose aus, aber in schwierigen, langwierigen Themenbereichen haben sie ja die Möglichkeit, meine Praxis aufzusuchen.

Anrufe wie jene von Hans empfinde ich als besonders erfrischend:

»Sie als Jungfrau-Geborener«, begann ich, wurde gleich unterbrochen und hielt inne, als mich Hans korrigierte: »Ich bin aber schon eine Waage, gell. Jetzt trage ich das beschissene Kettchen schon zweiunddreißig Jahre und jetzt erfahre ich bei euch, dass ich eigentlich noch eine Jungfrau bin!« (Er sprach das in einem deutlichen Wiener-Dialekt, aber der besseren Verständlichkeit wegen, deutsche ich das für meine Leserinnen und Leser etwas ein.)

So schnell ließ sich also sein Leben ändern. Die Wesensmerkmale der Jungfrau sind im Volksmund immer günstiger beschrieben als die der Waage, obwohl das astrologisch gesehen überhaupt nicht korrekt ist. Wir gratulierten ihm somit zu seinem neuen Geburtszeichen herzlich und durften so eine weitere heitere Sternstunde erleben.

Oder Ica, eine rüstige Dame, die Entscheidungen in ihrem Leben ausnahmslos mit astrologischer Hinterfragung traf. Sie war bereits achtzig Jahre alt und hatte zu diesem Zeitpunkt zwei Ehemänner glücklich überlebt. Zuvor hatte sie einen Weltrekord im raschen Ja-zur-Ehe-Sagen aufgestellt. Dieses schnelle »Ja« zu einem Heiratsantrag, wie sie es vergeben hatte, geht mir bis heute nicht aus dem Kopf. Sie war auf Suche der nach Ehemann Nummer drei und weilte zu diesem Zeitpunkt in New York.

Eine ihrer Freundinnen hatte sie eines schönen Tages angerufen: »Komm sofort nach Wien! Hier ist ein Mann aus Sydney auf Frauensuche.« Wie vom Blitz getroffen bestieg sie das nächste Flugzeug nach Wien – das Treffen war von besagter Freundin längst raffiniert arrangiert.

Nach nur acht Tagen des Kennenlernens ging es ab auf das Standesamt. Sie hatte auf diese skurrile Weise tatsächlich Ehemann Nummer drei gefunden! Zum Glück war er ein Millionär. Nach sieben Jahren turbulenter Ehe verließ er den Erdball gen Himmel.

Ihre astrologischen Begleiter in New York, München und Wien hatten das Zeitliche mittlerweile ebenso gesegnet und so war sie nun auf der Suche nach einem astrologischen Ersatz – und der war ich. Mich hatte sie also gefunden, doch sie befand sich außerdem auf der Suche nach dem potentiellen vierten Ehemann. Es sollte auf jeden Fall wieder ein Millionär sein. Ica war mehr als nur enttäuscht, als ich ihr prophezeite, dass sie auf Gottes Erdboden jenen Mann nicht mehr finden wird. Der Mann kam de facto nie, aber eine lange Freundschaft entstand zwischen uns beiden.

Die Erotik und damit verbundene Gefühle und die große Liebe sind selbstredend ein großes Thema und ein wichtiger Faktor in unserer Sendung.

Manfred verkleidet sich zum Beispiel beim Sex gerne als Ladyboy. Er mag es, mit den Grenzen der Geschlechter zu spielen. Seine Freundin findet das weniger prickelnd – zu Manfreds Leidwesen. Als er an einem Sonntagabend im Oktober in die »Sternstunden« durchgestellt wurde und er dem Radiopublikum und uns seinen heiklen Fall schilderte, wirkte er äußerst verzweifelt. Ob er mit seiner Freundin jemals ein befriedigendes Sexualleben haben könnte, war seine bedauerliche Frage. Nein, das konnte einfach nichts mehr werden, denn Manfred und diese Frau waren einfach viel zu unterschiedlich.

Selektiert werden die Anrufe übrigens danach, wie interessant sie sind und wir bemühen uns, möglichst unterschiedliche Fragen zum Zug kommen zu lassen. Denn das Hauptthema wäre sonst in jeder Sendung: Wann geht er oder sie? Wann kommt er oder sie? Wann bleibt er oder sie? Und das wäre auf Dauer mit Sicherheit viel zu langweilig. Einen weiteren, uns regelmäßig begleitenden Grundpfeiler in der Sendung ist aber immer derselbe: Humor.

Bewundernswert finde ich oft, wie offen und ehrlich viele Hörer uns Einblicke in ihr Liebesleben gewähren, wie etwa Franz: »Ich bin verheiratet und liege gerade mit meiner Freundin im Bett. Könnt ihr mir sagen, wie lange die Affäre noch hält?«

»Ja, so lange, bis die Ehefrau draufkommt«, war meine Antwort. Die meisten Eheausbrecher nehmen dann den Rückwärtsgang zurück in den Ehehafen. Nun, Romanzen gehören ja auch zum Leben.

Die liebe Julia wollte nicht mit uns reden, sie schrieb uns dafür ein heiteres E-Mail: »Zurzeit ist bei mir ein großer Umbruch. Ich habe meine Wohnung aufgegeben, ja und den Job auch, und lebe jetzt einfach mal so vor mich hin. Wie lange wird mir denn das gelingen?«

Meine Antwort: Na, ganz einfach, bis das Bankkonto leer ist.

Ich muss gestehen, ich bewundere Menschen, die wirklich so die Seele baumeln lassen können – nur, auf Knopfdruck ändert sich das Leben auch nicht plötzlich. Die neue Welt geht nicht von jetzt auf sofort auf und meistens folgt in solchen Situationen der ganz große Katzenjammer. Aber na ja, ich bin nur das Sprachrohr der Sterne und jeder ist letztendlich doch seines eigenen Glückes Schmied.

Einmal – es war bereits Ende Oktober – erreichte unser Sternstunden-Team folgende Anfrage:

»Hallo, Frau Rogers. Ich bin zweifache und allleinerziehende Mama. Ich würde gerne wissen, ob es noch rechtzeitig zur Adventszeit bzw. zu Weihnachten einen Partner für mich gibt?« Als wir sie später in unserer Sendung live danach fragten, warum gerade zur Adventszeit, kam ihre Antwort wie aus der Pistole geschossen: »Weil ich ohne Partner nicht auf den Christkindlmarkt gehen will. Da sehe ich immer die verliebten Paare und dann bin ich immer so unglücklich.«

Auch wenn die Sterne oft »Nein« sagen, man kann alle Anfragen beantworten, es kommt immer darauf an wie. Der Ton macht die Musik.

Oder: »Ich möchte meinen Freund Gerhard Hengst heiraten. Wir streiten aber noch immer herum, welchen Namen wir dann als ›Familie‹ annehmen sollen. Ein Doppelname kommt eher nicht in Frage. Können mir die Sterne verraten, ob ich auch mit dem Namen Hengst glücklich werde?« Ja, man kann – wenn der Mann passt.

Auch Postkarten ereilen uns immer wieder: »Die Skorpione sind angeblich das gefährlichste und das Schicksal am meisten herausfordernde Sternzeichen der Welt. Nun, ich bin ein doppelter Skorpion und ich schicke Ihnen einen Auszug aus dem Guinness-World-Records-Buch mit dem Titel ›Meiste Skorpione im Mund‹. Dean Sheldon (USA) steckte insgesamt zwanzig Skorpione in seinen Mund und behielt sie einundzwanzig Sekunden lang ebenda.«

Na ja, offensichtlich hat er dieses Experiment überlebt, ich empfehle es aber nicht zur Nachahmung.

»Liebes Sternstunden-Team! Ich möchte unbekannt bleiben. Ich bin ein Wassermann-Kollege von Eppi und möchte wissen: Erstens: Bin ich schön? Zweitens: Ich habe einen Widder-Mann kennengelernt. Ist der endlich der richtige? Drittens: Wann werde ich einen Freund haben? P.S.: Könnt ihr mich vielleicht gleich zu Beginn der Sendung durchstellen, damit ich weiß, dass ich gemeint bin? Eure treue Hörerin.«

Erst kürzlich erreichte uns in den Ö3 Sternstunden ein verzweifelter Anruf einer jungen Dame mit einer mehr als nur klaren Frage: »Soll ich meinem Freund noch einmal eine Chance geben, obwohl er mich jetzt bereits zum zweiten Mal betrogen hat?«

Die Moderatorin Sylvia Graf fragte logischerweise, welche Beweise für diese Anschuldigungen sie denn hätte. Forsch und wie aus der Pistole geschossen offenbarte sie uns:

»Ja, natürlich, er hat ja alles auf seinem Handy mitgefilmt – ohne das Wissen und Einverständnis der Nebenbuhlerin – und ich habe es gefunden.«

Die Antwort auf die Frage, ob sie ihn denn wieder zurücknehmen sollte, brauchen wir nicht beantworten. Liebe Leserinnen und Leser, beantworten Sie sie doch einfach selbst. Falls es Sie dennoch interessiert: Mein Rat lautete »Nein«, denn Wiederholungstäter bleiben Wiederholungstäter, und der Zeitpunkt für das nächste Mal war von den Sternen schon vorprogrammiert.

Uns erreichten in den letzten sechsundzwanzig Jahren so viele berührende Nachrichten, wie zum Beispiel von Frau

Helga: »Liebe Frau Rogers, ich war vor achtundzwanzig Jahren bei Ihnen. Sie sagten mir damals voraus, dass ich mit fünfunddreißig Jahren meinen Lebenspartner kennenlernen werde. Es stimmte ganz genau. Wir waren zwanzig Jahre glücklich verheiratet, bis er dieses Jahr verstorben ist. Meine Frage: ›Habe ich nochmals das Glück, so einen tollen Mann kennenzulernen, oder muss ich allein bleiben?‹«

Die Möglichkeit einer verändernden Begegnung ist immer gegeben, ob die Qualität genauso ist wie beim vorherigen Partner, kann man nur nach der Sternenanalyse des potentiellen Partners herauslesen. Denn kein Mann ist wie der andere – denselben Partner gibt es kein zweites Mal.

Ein für mich herzerfrischender Kollege und Freund bei Ö3 ist der berühmt-berüchtigte Gernot Kulis – besser bekannt als der »Ö3-Callboy«. Für all jene, die ihn und seine Arbeit nicht kennen: Gernot Kulis ruft unter den unterschiedlichsten Namen und unter Vorgabe verschiedenster Charaktere Menschen an, Promis und andere. Stets gibt er ein glaubhaftes, originelles Szenario vor – und legt die Leute auf humorvolle Weise rein. Die Liste jener, die auf ihn hereingefallen sind, ist lang. Ich selbst hätte wohl nie geahnt, dass auch ich einmal Opfer einer seiner legendären Anrufe werden und in seine Falle tappen würde.

Eppi und ich hatten wie jeden Sonntag unsere Ö3 Sternstunden – als uns ein Anruf ereilte. »Hubert« wollte keinen Rat, sondern wollte eine Beschwerde an mich richten. Ich war ein wenig überrascht, aber wir sind ja immer offen für Rückmeldungen und unseren Hörerinnen und

Hörern auch dankbar dafür. Er hatte aufgrund einer Prognose meinerseits, die ich ihm angeblich ein Jahr zuvor ebenfalls in den Sternstunden prophezeit hatte, sowohl Job als auch seine Beziehung über Bord geworfen mit der Begründung: »Sie haben gesagt, ich kriege einen neuen Job, eine neue Partnerin kriege ich auch und jetzt bin ich allein!« Es stellte sich heraus, dass er zu allem Überfluss auch die Firma nach siebzehn Jahren Anstellung freiwillig verlassen hatte und die Partnerin, mit der er sehr glücklich gewesen war, auch. Er dachte wohl, es würde eine noch bessere kommen. Ich war zum ungefähr ersten Mal in meinem Leben ruhig und sprachlos – wie konnte so etwas nur geschehen – alle Prognosen in die Hosen?

Das Telefonat fand seinen Höhepunkt darin, als uns »Hubert« live on air sagte, dass er uns jetzt persönlich im Studio besuchen würde. In diesem Moment krachte es und er sagte: »Scheiße, jetzt bin ich in einen BMW mit BN-Kennzeichen hineingefahren. Die Stoßstange ... alles kaputt.« Ich hatte schon die leichte Ahnung, es könnte sich um mein Auto handeln und süffisant, weil eingeweiht, fragte mich Eppi: »Frau Rogers, ist das Ihr Auto?« Wir beide kannten die Antwort – die Tür ging auf und wer stand da? Es war Gernot Kulis, der Ö3-Callboy. Im Nachhinein frage ich mich, woher ich nur diese Coolness und Gelassenheit hergenommen hatte – na ja, dann wäre ich eben mit dem Taxi heimgefahren.

Mit unglaublichen Geschichten und auch für mich stets überraschenden Fragen kam das unfassbare Jubiläum: zwanzig Jahre Sternstunden! Plötzlich fühlte ich mich wie in Hollywood, bekam ich doch nach dem Vorbild des »Walk of Fame« einen Stern, und zwar den ersten und einzigen, auf dem »Walk of Ö3«. Meine Hände in Gips zu tauchen, war genauso unfassbar wie das Jubiläum selbst. Eine unglaubliche Ehre!

Robert Kratky sagt seither gerne, wenn er mich sieht, ein wenig süffisant lächelnd zu mir: »Jeden Tag in der Früh steig ich über dich drüber.«

Eine für mich besonders faszinierende Persönlichkeit war der legendäre Marcel Prawy. Als er Gast in meinen Sternstunden auf Hitradio Ö3 war, er hatte die neunzig längst überschritten, stand ein wirklicher Gentleman der alten Schule vor mir. Sein Geist, sein Witz und sein Intellekt beeindruckten mich bei jedem einzelnen Wort, das er von sich gab.

Als ich einmal das Vergnügen hatte, zwei Jahre später in derselben Sendung »Willkommen Österreich« wie er zu Gast zu sein, beeindruckte er mich damit, wie er trotz des hohen Alters auf Knopfdruck frei sprechend zum Ende seines Textes kam.

Dort äußerte er der Redaktion noch folgende Bitte: »Ich möchte um punkt achtzehn Uhr fertig sein, da ich sofort in die Oper muss, um auf keinen Fall ›Rigoletto‹ zu versäumen.«

Ich dachte mir: Das kann nur ein Steinbock sein – und raten Sie einmal, was er war? Ein Steinbock.

Je älter sie sind, umso besser werden die Steinböcke, man erinnere sich an *Konrad Adenauer*, der mit über siebzig Jahren noch deutscher Kanzler wurde. Und wer erinnert sich nicht an die legendäre *Marlene Dietrich*, die mit fünfundsiebzig Jahren bei ihren Auftritten noch immer ihre wunderschönen, grazilen Beine zeigte und leider bei einem Konzert in Moskau in den Orchestergraben stürzte. Ein abruptes Ende für ihre tolle Karriere. Ein Steinbock bis zum Schluss.

Steinböcke sind bekannt dafür, dass sie erst in der zweiten Lebenshälfte zu ihrem vollen Erfolg auflaufen, ihre geistigen und zähen Tätigkeiten bis zum Abdanken durchziehen und bis zum bitteren Ende etwas tun müssen. *Hildegard Knef* beispielsweise eroberte den Broadway, legendenhaft im Musical »Seidenstrümpfe«, wodurch sie zum Weltstar avancierte. Bei mir war es auch so. In der Jugend schauen sie alt aus und im Alter werden sie jünger.

Ein Fixstarter bei mir ist der Eurovision Song Contest – einmal im Jahr wird dazu meine Expertise erbeten. Interessanterweise zeigten auch hier die Sterne die richtige Prognose, mit welchen Chancen der österreichische Beitrag rechnen durfte.

2014, es war ein Samstagmorgen, der Tag des Song Contests. Um 8.30 Uhr morgens klingelte mein Handy. An der anderen Leitung meldete sich Thomas Kamenar, der im Studio gerade die Morning Show moderierte, und er fragte mich: »Auf welchem Platz landen wir heute mit Conchita Wurst? Kannst du bitte in die Sterne blicken und nachsehen?« Meine Antwort: »Gib mir zehn Minuten Zeit. Ich schaue mir die heutige Tageskonstellation von Conchita Wurst an.« Schnell holte ich meinen pinken Laptop aus dem Büro, tippte ihre (oder sagt man seine?) Geburtsstunde, das Geburtsdatum und den Geburtsort ein, und das Horoskop gab mir eine eindeutige, klare Antwort. Zehn Minuten später gingen wir live on air. Ich sagte zu Thomas: »Das gewinnen wir – Sieg« ... »Waaaas?! Du meinst sogar den ersten Platz?«, entgegnete er mir. Mein klares »Ja« verblüffte ihn. Abends wussten wir: Der Pokal und damit der Sieg gingen nach vierzig Jahren haushoch nach Österreich.

Als ich Conchita Wurst ein halbes Jahr später traf, erzählte sie mir, dass ihr meine Sternenaussage damals übermittelt worden war und sie dadurch noch siegessicherer und gestärkter in den Ring gestiegen war.

Auch für mich ist es immer überraschend, große Ereignisse im Vorfeld astrologisch zu beleuchten – und dann noch genau ins Schwarze zu treffen. So werde ich auch zu aktuellen politischen Ereignissen befragt, und für mich ist es jedenfalls immer wieder faszinierend, dass einmal mehr meine Aussagen durch die Sterne bestätigt werden. Sie können eine gute Hilfestellung bei Fragen in unserem Leben sein.

»Wer wird Bundespräsident?« Diese Frage wurde mir in einer Silvestersendung zu Beginn des Jahres 2016 im Zuge eines Fernsehauftrittes gestellt. Klare Antwort von mir: »Das wird ein Steinbock!« Steinböcke gelangen gewöhnlich spät, aber siegessicher an ihr Ziel. Auch Konrad Adenauer wurde mit 73 Jahren noch deutscher Bundeskanzler – ebenfalls ein Steinbock. Wie wir alle wissen, in Österreich wurde es Dr. Alexander Van der Bellen – ein weiterer Steinbock.

Die Frage nach künftiger Präsidentschaft oder Führungspositionen ist auch international von Bedeutung.

Trump ja oder nein – war eine dieser Fragen. Dem Zwilling Trump prognostizierte ich ebenso den Sieg wie dem Schützen Emmanuel Macron, einem supererfolgreichen Quereinsteiger.

Auch die Referenden von David Cameron in Großbritannien und Matteo Renzi in Italien gingen in die Hose. Sie mussten gehen und damit war die Politbühne für sie Geschichte. Ach, hätten sie doch vorher die Sterne gefragt …

Bemerkenswert ist, dass vor allem die Politiker wenig bis gar nichts von meinen Prognosen der Sterne halten – sie sind häufig überrascht, wenn meine Vorhersagen eintreten. Nur ja, dann ist es halt zu spät. Einige, nahezu alle Politiker sind irgendwann einmal zu Gast bei »Frühstück bei mir«, der Sonntagssendung meiner geschätzten Kollegin und Freundin Claudia Stöckl. So auch ein Vizekanzler, für den ich die Sterne gemeinsam mit Claudia im Vorfeld eines Interviews begutachtete. Die Frage lautete: »Stellt er sich zur neuen Wahl oder verlässt er vorzeitig die politische Bühne?« Meine Antwort: »Diese Periode wird er frühzeitig beenden und somit wird unser Land im Herbst zu vorgezogenen Neuwahlen wieder zur Urne gehen.«

Diese Prognose spielte sie ihm während des Frühstücksinterviews vor – charmant meinte er darauf: »Ich schätze Frau Rogers, aber auch sie hat nicht immer recht. Ich werde meine Amtsperiode mit Sicherheit pflichtbewusst zu Ende führen.« Drei Monate später – der große Crash: Er trat zurück und sorgte damit für vorgezogene Neuwahlen.

Die Ereignisse nahmen ihren Lauf, schneller, als die Sterne und ich schauen konnten.

Wieder einmal stand Österreich vor neuen Wahlkandidaten. Neugierig wie ich bin, kamen alle Kandidaten der Parteien sofort unter meine Sternenlupe. Beim ersten Blick wusste ich, der Siegerkandidat kann nur eine Jungfrau sein. Kurz und bündig. Ich hatte bereits seit Februar 2017 bei zahllosen öffentlichen Auftritten, wo mir selbstverständlich immer die Frage nach dem Kanzler gestellt wurde, meine Sicht aus den Sternen klar präsentiert.

Ich hatte ein Déjà-vu-Erlebnis, als mich Claudia wieder anrief: »Wer wird denn jetzt Bundeskanzler?«

Sie hatte gerade das große Interview mit Christian Kern und nach kurzem Gespräch mit ihr sagte ich: »Der nächste Kanzler wird er nicht.«

Auch diesmal konfrontierte sie ihn mit meiner Aussage, worauf er nüchtern sagte: »Von den Sternen halte ich gar nichts, und das, was Frau Rogers über den einstigen Vizekanzler prophezeit hat, hat sie sicher in der Zeitung gelesen.« Eine kalte Abfuhr an die Sterne – und damit auch an mich. Trotzdem war sein Abgang besiegelt und Sebastian Kurz, die Jungfrau, folgte ihm als Bundeskanzler.

Aber zurück zu den Sternstunden.

Eine wirklich lustige EPPIsode ereignete sich, als wir mit dem Ö3-Sternenzelt bei diversen Festivals in Österreich unterwegs waren. Das war ein Zelt, das aufgebaut wurde, damit Sterneninteressierte ihre Prognose live bei mir im Zelt abholen konnten. Dabei fungierte Peter L. Eppinger als Kontrolleur und Sternenportier, denn ich war ja im Zelt beschäftigt. Der Andrang war enorm und Eppi hatte alle Hände voll zu tun, die Leute zeitmäßig einzuteilen. Denn sonst wären wir heute noch dort.

Sonntags darauf im Studio erreichte uns ein Anruf aus dem Ländle (Vorarlberg). Es klang wie von einem anderen Stern, denn der Vorarlberger Dialekt klang für uns wie eine völlig unbekannte Fremdsprache. Wir verstanden durch unsere Kopfhörer nichts, rein gar nichts. Eppi, forsch wie immer, traf den Nagel auf den Kopf und peilte vorsichtig ratend das Thema Liebe an. Und genau das war es. Sie hatte großen Liebeskummer. Außer Sprachschwierigkeiten blieb von diesem Anruf nicht viel übrig und ich möchte mich hiermit bei der Anruferin entschuldigen: Vielleicht war es die falsche Antwort auf ihre Frage oder umgekehrt.

Einmal waren wir im Stadtpark in Wien zu Gast. Plötzlich hörte ich vor dem Zelt einen großen Tumult, der zunehmend lauter wurde. Er wollte nicht enden und so verließ ich kurzerhand meinen Schreibtisch und ging vor das Zelt. So viele Menschen hatte ich selten in einer Menge gesehen – Eppi mittendrin. Es war wie eine körperliche Bedrohung und ich musste ihm zu Hilfe eilen, um das Ärgste zu verhindern. Hoffentlich hatte er noch alle Zähne und war im Besitz der Brille. Ich fragte: »Was ist los?« Eppi antwortete: »Ich habe nur gesagt: ›Keine Anmeldungen mehr, wir können niemanden mehr nehmen.‹« Die meterlange Schlange reagierte sauer. Fluchtartig verließen wir nach getaner Arbeit den nicht mehr so schönen Stadtpark.

Ich war doch immer wieder erstaunt und zugleich überrascht, von wie weit meine Fans anreisten, um einen Blick in ihre Zukunft zu bekommen. Von Südtirol bis Salzburg, von Bayern bis Wien, von der Schweiz bis Innsbruck. Sie kamen von nah und fern.

DER GENERALDIREKTOR

Frau
Gerda Rogers
c/o Ö3
Heiligenstädter Lände 27C
1190 Wien

Wien, im Dezember 2011
GD/nw/287/11

Sehr geehrte Frau Rogers,

namens des gesamten ORF, ganz besonders aber auch in meinem eigenen Namen, gratuliere ich sehr herzlich zu Ihrem 70. Geburtstag.

Bei dieser Gelegenheit möchte ich auch zum 20. Jahr „Ö3-Sternstunden" gratulieren, das mit Ihrem Geburtstag eingeläutet wird, und mich für die lange, gute Zusammenarbeit bedanken. Für Ö3 – und damit den ganzen ORF – war es 1992 eine Sternstunde, Sie entdeckt und „on air" gebracht zu haben. Längst sind Sie aus dem Programm nicht mehr wegzudenken und für eine große Fangemeinde, zu der auch ich mich zähle, zum wöchentlichen Radio-Highlight geworden.

Ich freue mich auf viele weitere „Sternstunden", die Sie nicht nur durch die Deutung der Sterne sondern auch mit Ihrer Lebenserfahrung, Ihrem Witz und Ihrer Empathie zum Erfolg geführt haben.

Alles Gute, Gesundheit, Glück und weiterhin viel Erfolg!

Mit herzlichen Grüßen

Dr. Alexander Wrabetz

© Thomas Ramstorfer / ORF

ÖSTERREICHISCHER RUNDFUNK Austrian Broadcasting Corporation / Radio and Television
1136 Wien, Würzburggasse 30, Telefon: +43 (0)1/878 78 -12110, Fax: +43 (0)1/878 78 -13790, alexander.wrabetz@orf.at, http://ORF.at, DVR: 0066915, FN 71451a

Peter L. Eppinger

Deine Eleganz ist eine Wohltat für
unsere Ö3 Welt und auch die Meine.
Gude Rogus in meinem Leben zu wissen
erfüllt mid mit Stolz und großer Dankbarkeit.
(H)eppi 70 - Dein Dir stets treu
verbundener   Eppi

Ö3 Callboy
Gernot Kulis

Hochgeschätzte Frau Rogers,
liebe Gerda,

Du, liebe Gerda, bist eine Bereicherung für mich und
für die Menschen in Deiner Umgebung. Ich meine es
genauso, wie es hier steht. Als Komiker und Satiriker
mal ganz ohne Übertreibung. Ich wünsche Dir viel
Glück, Gesundheit und Spaß auf deinem weiteren
Weg!

Dein Gernot

PS: Kulisionen LIVE
am 28.04.12 in Baden!
Karten sind hinterlegt.
HAPPY BIRTHDAY

Zwillingsschwestern
Gerda und Renate

Manfred Deix

Sternstunden 3. 6. 1994

Gast

geb: 22. 2. 1949   St. Pölten 9⁰⁰ʰ

Sonne: Fisch – Asz. Stier

Manfred Deix

Schau, Mausi, der große schöne Stern links oben – das is der mit mein' Schicksal!
Super Schatzi!
1000 liebe Grüße!
Manfred DEIX
3/4. Juni 94

Thomas Brezina

Sternzbinden 12. 12. 99
Stargast

geb: 30. 01. 1963 / 2⁰⁰ er Wien
Sonne: Wassermann: Az Skorpion

Ich bin platt wie
Löschpapier, was Sie
rausgefunden haben!
Ihr Fan,
Tomas Brezie :)

Gerhard Bronner

Sternstunden 27.10.1995

Gast

geb: 23.10.1922 / 4⁵⁰ - 5⁰⁰², Wien

Sonne: Waage – Asz: Waage

Respekt! Sie haben mich (fast)
zur Astrologie bekehrt.
Herzlichst
Gerhard Bronner

Udo Jürgens

Sternstunden 10. 11. 1995
$\underline{Gast}$
geb: 30.9.1934 / 19³⁰ᶜ Klagenfurt
Sonne: Waage- Asz: Stier

[signature]

Chris Lohner

Marcel Prawy

Sternsbrunnden / 2. 11. 199-

Gast

geb: 29. 12. 1911 in Wien

Sonne: Steinbock - Asz: ?

Meiner lieben Frau Rogers
aus meiner Wahlheimat Wien
mit Dank für das Horoskop
(in dem Sie mich genau gekannt
hat — ja ? ? ?)
herzlichst
                    Marcel Prawy
                         2/11/ 97

ausnahmsweise 11
statt 01 bei ; 03   =

Otto Schenk

Sternstunden 26.4.1997

Gast

geb: 12.6.1930 / 15³⁰ Uhr   Wien

Sonne: Zwilling – Asz: Waage

("Überstehn ist alles
(Rilke)

Alles Liebe

[signature]

Otto Schenk

Stermann & Grissemann

Sternstunden 15.3.96

Gäste:

17. 5. 1966 / 17°⁴ᵉ Innsbruck
7. 12. 1965 / 22°⁰ᵉ Duisburg

Schütze – Löwe – Stier – Waage

OH - SO VIELEN D.A.N.K.

Ich bin der Ohnmacht nal
wegen soviel... ja ... WAHRHEIT.

Also dann
Bis denn.

Gisa

Sterne liegen nicht, müssen immer
stehn. Vielen Dank für all die positiven
Sternworte

Stone

Peter Krauss

Sternstunden   29. 3. 1996

Gast

geb: 18. 3. 1939 / 14 35 a München

Sonne: Fische   – Asz.: Löwe

Tausend
Dank! es
war sehr lustig
und schön

Peter Kraus

Peter Kraus

Wir waren stets sehr sportlich unterwegs. Ich setzte mich gerne (fast) jeder Gefahr aus. So auch bei einem Formel-1-Rennen in Spielberg, als ich mit Eppi waghalsig auf einem Moped sitzend, durch das Gelände flitzte, begleitet von lautstarken »Geeerda! Geeeerda«-Rufen aus der Masse. Ich brüllte dem armen Eppi ins Ohr: »Bitte bleib vor mir!« Ich fühlte mich von der etwas angeheiterten Männermasse wirklich bedroht und presste meine Hände noch mehr in seinen Bauch. Auch in Spielberg machten wir Station mit unseren Sternstunden, die vom Spielberg-Radio gesendet wurden. Es war live vor einer großen Besucherschar, die eben großteils männlich und besoffen war. Die Renn-Atmosphäre und das Mitzittern um den Sieg packten auch mich. So eine außergewöhnliche Stimmung hatte ich in meinem ganzen Leben noch nie erlebt. Der Sieger ist mir namentlich leider entfallen, aber er kam nach seinem fulminanten Sieg zum Interview in unser dortiges Studio und als ihn Eppi fragte, ob er denn nie Angst vor einem Formel-1-Rennen hat, antwortete er gelassen: »Nein, vor dem Rennen nicht, nur vor meiner Freundin.« Ein Mann mit anscheinend starken Nerven und viel Humor.

Ein weiterer großer Event, der sich in meinem Kopf eingebrannt hat, war die Dreißigjahrfeier von Hitradio Ö3 in der Wiener Stadthalle. Als »Sternstunden-Lady« war ich natürlich mit von der Partie und bekam einen ganz besonderen Auftritt – ich schwebte vom Sternenhimmel (= Stadthallenplafond) auf einem überdimensionalen Mond sitzend langsam auf die Erde zu, sprich auf die Bühne. Ich, die alles andere als schwindelfrei ist! Die motivierenden Rufe »Bitte nicht runterschauen!«, habe ich noch heute in meinen Ohren.

Die Show begann, und ich schwebte ängstlich und mit einem mulmigen Gefühl in der Höhe und wartete auf meinen Auftritt, der eine gefühlte Ewigkeit auf sich warten ließ. »Hoffentlich ist alles schnell vorbei!«, sprach ich zu mir selbst.

Dann kam er – und so sank ich also auf meinem Mond über die Köpfe der Zuschauer in der ausverkauften Stadthalle hinweg zur Bühne nieder, wo mich Oliver Baier in Empfang nahm. Er fragte: »Wie fühlen Sie sich zurück auf der Erde?« Als erdverbundener Steinbock hatte ich endlich meine Füße wieder auf Gottes Erdboden. Mein Outfit war ein froschgrünes Abendkostüm, worauf er mir hierzu noch eine Frage stellte: »Wie viele Frösche mussten denn dafür sterben?« Selbstverständlich gar keine, ich bin ja eine große Tierfreundin. Ich erinnere mich auch noch daran, dass er mich aufforderte, ein Tänzchen mit ihm zu wagen. Schade eigentlich, dass ich nicht noch eines mit Rod Stewart wagen konnte, dem Stargast des Abends. Übrigens, ebenfalls ein Steinbock. Eh klar!

Apropos schwindelerregende Höhen. Ein Anruf, der mich auch mehr als überraschte, war jener von Karl Moik, leider mittlerweile verstorbener »Mister Musikantenstadl«: »Ich möchte Sie in meinem Silvesterstadl, der aus Köln gesendet wird, für eine Jahresprognose haben. Hätten Sie dafür bitte Zeit?«

Ich war bereits fix für die Silvesterbühne gebucht, wie immer mit Eppi vom Ö3 am Wiener Hof, und konnte daher nicht nach Köln zur Aufzeichnung fliegen. Aber Karl Moik ließ nicht locker und hatte auch dafür eine passende Antwort parat: »Wir werden uns etwas einfallen lassen!« Die Produktion war bei der Idee wahrlich kreativ und so musste ich nach meinem Auftritt auf der Ö3-Bühne sofort zum Burgtheater rasen, Eppi natürlich im Schlepptau. Dort angekommen, erwartete mich bereits sehnsüchtig das Team und es ging rasch über eine Mini-Leiter hinauf auf das Dach des Burgtheaters. Ich weiß nicht, *wie* ich da hinauf kam, aber ich kam hinauf. Da stand ich oben, mit einem traumhaften Blick über Wien. Ich hatte keine Zeit, über irgendetwas nachzudenken, der Wind pfiff um meine Ohren, ein eisiger Orkan. Ich dachte mir nur: »Gerda, vergiss den Text nicht – und vor allem beweg dich nicht.« Eine Windbö und ich fliege hinunter. Wir gingen live, ich vergaß meinen Text zum Glück nicht. Kaum war die Kamera aus, wagte ich den abenteuerlichen Abstieg. Der Applaus der Crew, als ich unten ankam, war mir sicher. Eppi setzte noch eins drauf: »Du warst grandios.« Diese Silvesternacht fand dann ihr frühes Ende schnurstracks in meinem Bett.

Eine ORF-Sendung, die mich heute noch besonders zum Lachen bringt, ist »Starlight«. Prominente mussten sich dabei gemeinsam in bekannte Musikgruppen verwandeln und diese mit ihren bekanntesten Hits imitieren. Peter Rapp moderierte diese einmalige Sendung. Robert Kratky, Tarek Leitner, Serge Falck, Alois Mattersberger, Andrea Puschl und Thomas Sykora und ich »schlüpften« in die Mitglieder der legendären »The Kelly Family«. Schon in der Generalprobe versprach die Sendung eine besonders lustige zu werden. Mit von der Partie waren viele Prominente wie Vera Russwurm, Jazz Gitti oder Karin Resetarits. Letztere stellte, zum Verwechseln echt, die Rolle der Mireille Mathieu. Gespannt verfolgten wir die Auftritte unserer Konkurrenten. Ich habe noch heute das Bild vor meinen Augen, als Karin Resetarits während ihres Auftritts mit dem Mikrofon in der Hand singend, langsam die Stiegen herunterkam. Die Bühne war bis zur Hälfte der Stufen in Nebel gehüllt. Offenbar hatte sie eine Stufe übersehen – denn sie verschwand plötzlich im Nebel. Ein wahrer Profi, denn wir sahen sie zwar nicht mehr, aber wir hörten sie noch singen. Zum Glück hatte sie den Sturz heil überstanden. Wir belegten bei diesem Wettkampf schließlich den zweiten Platz.

Das Singen gehört übrigens weder zu meinen Stärken noch zu denen meiner Teammitglieder, aber in dieser Sendung standen ja der Spaß und das komödiantische Talent im Vordergrund. Mit unseren originalgetreuen Kostümen und Perücken fühlten wir uns wie die echte Kelly Family, und so spielten und imitierten wir sie ziemlich originalgetreu.

Der hohe Bekanntheitsgrad der »Sternstunden« führte dazu, dass viele weitere Fernsehauftritte in Österreich, Deutschland und Italien folgten. Zahllose Events und Liveauftritte machten mich zu einer Person des öffentlichen Lebens. So wurde ich unter anderem zu Thomas Aigner in die Sendung »netNite« nach Köln eingeladen, wo ich mit meinen Sternen auch das deutsche Fernsehvolk begeistern konnte.

Bei einer anderen unserer Silvestershows am Hof – wo ausgewählte Menschen aus dem Publikum live auf die Bühne kamen – erinnere ich mich an eine leicht makabre

Situation. Ein Pärchen kam zu uns – sie Wassermann, er Krebs und er machte ihr vor hunderten von Menschen einen romantischen, herzzerreißenden Heiratsantrag. Was glauben Sie war die Antwort der »Glücklichen«? Sie schaute ihn erhaben und selbstbewusst an und entgegnete ein klares »Nein«. Er versuchte es ein zweites Mal worauf sie ihm erwiderte: »Dich heirate ich nie.« Das Publikum quittierte dieses Drama mit Buhrufen. Eppi und ich hatten die Hände voll damit zu tun, nach dieser unromantischen Absage die Stimmung wieder aus dem Keller zu holen. Ich weiß nicht, hätte er mir leid tun sollen, oder hatte sie recht gehabt?

Was ich auch nie vergessen werde: Bei Peter L. Eppinger kam ich nach dem Ende jeder Sendung auf die Waage. Ja, Sie hören und lesen richtig. Ich – und auch er – wurden immer abgewogen.

Ich fragte ihn zuvor aber dennoch: »Was soll denn das Ganze?«

Mit schmunzelnder Stimme entgegnete mir Eppi: »Ich will jedes Mal wissen, ob wir noch eine gewichtige Sendung sind.«

Das hieß für mich somit jeden Freitag: Esskontrolle! Über das Gewicht wurde jeden Sonntag Buch geführt, die Schwankungsbreite durfte maximal zwei Kilo betragen – natürlich nicht die Schwankungsbreite von Sonntag auf Sonntag, das wäre ein wenig traurig gewesen, dennoch habe ich es mit Disziplin und eisernem Willen geschafft, zwölf Jahre lang das nahezu idente Gewicht auf die Waage zu bringen. Danke Eppi, auch heute zehre ich davon und kann noch alle Kleider tragen. Obwohl bereits fünfundzwanzig Jahre seit dem Beginn der »Sternstunden« vergangen sind, benötige ich keinen neuen Kleiderschrank. Übrigens, sogar die Waage existiert noch. Sie bleibt aber im Privatbesitz, und all jene, die jetzt daran denken, sie zu ersteigern, muss ich leider enttäuschen – sie ist unverkäuflich. Solche schrägen Ideen fallen wirklich nur einem exzentrischen und ideenreichen Wassermann ein wie meinem Eppi.

Mit dieser Aktion, die viele für Fake hielten, erregten wir offensichtlich das Interesse unserer Hörer-Community. In persönlichen Begegnungen wurde vielen klar, dass der »Waage-Test« wohl der Wahrheit entsprach – ich hörte oft: »Sie sind ja in echt wirklich so schlank, wie es der Waagetest auf Ö3 in den Sternstunden immer zeigt.« Oder: »Sie können gar nicht mehr Kilo haben und mit Ihrem Alter sind Sie für mich ein unglaubliches Vorbild.« Na ja, ich muss gestehen, so etwas höre auch ich gerne und es spornt mich regelrecht an, mich weiter dem »Waage-Test« zu unterziehen.

Und immer wieder wurde mir die Frage aller Fragen von Fußballfanatikern gestellt: »Wer gewinnt die EM?« Es ging um die Europameisterschaft im Jahr 2000 im Finalspiel Frankreich gegen Italien. Laut den Sternen hieß der klare Sieger Frankreich. Das Finalspiel entwickelte sich wie in einem spannenden Krimi. Als ich wie üblich sonntags zum Sender fuhr, war jenes Spiel bereits in der Endphase. Eppi empfing mich, wie immer charmant, aber mit folgenden Worten: »Heute geht deine Prognose in die Hose!« Als resolute Steinbock-Frau mit Fußballkenntnis gleich null antwortete ich ihm bestimmt: »Das Spiel ist noch nicht vorbei!«

Es stand eins zu eins und in der hundertdritten Minute errang Frankreich mittels Elfmeterschießen das Siegestor – und war damit Europameister. Meine Sterne hatten mich wieder einmal nicht enttäuscht. Als ich mich umdrehte, kniete Eppi bereits vor mir, war kurz davor, mir die Füße zu küssen und schlotterte: »Du bist ein Wahnsinn, die Königin der Sterne!«

Sprach's, lächelte und wir gingen on air.

Die Marke Gerda Rogers – mehr als nur eine Stimme

Egal wo, egal wann, egal wer, egal wie. Ob im Taxi, an der Zapfsäule, im Baumarkt, an der Supermarkt-Kasse oder im Blumenparadies – es ist überall dasselbe: »Ah, die Stimme kenn ich, Sie sind doch die Frau Rogers!« Genauso geht es meiner Schwester Renate, die irgendwann einmal aufgehört hat zu erklären, dass sie nicht Gerda Rogers, sondern die eineiige Zwillingschwester ist. Man muss mich also nicht sehen, um mich zu hören, und nicht hören, um mich zu sehen. Will ich inkognito unterwegs sein, halte ich einfach den Mund.

Von vielen gehasst – aber auch von vielen geliebt –, ist meine Stimme eine Marke geworden und große Unternehmen wie Hartlauer, XXL Lutz, Weleda oder KELAG machten und machen noch immer gerne Gebrauch von ihr und meiner gesamten Erscheinung. Erfreulicherweise, und für mich jedes Mal erneut völlig unerwartet, flatterten mir solche Angebote einfach so ins Haus.

Ich war und bin offenbar außerdem ein gefundenes Fressen und begehrtes Opfer für alle Kabarettisten und Stimmenimitatoren des Landes. Die Stimmenparodistin Marion Petric füllte ihre heiteren Abende mit der Nachahmung meiner Stimme, Stammgast war ich bei den »Comedy Hirten« mit Gernot Kulis, und zuletzt in »Unendlich Solide« des Kabarettduos »Pizzera & Jaus«. Ich empfinde eine Parodie meiner Person als eine große Ehre, denn wie Helmut Zilk einst zu mir schon sagte: »Seien Sie stolz darauf, denn wenn Sie niemand sind, werden Sie auch nicht parodiert.« Diese Worte sind nach wie vor Balsam für meine Seele. Lachen ist gesund und immer erlaubt.

Meine Bekanntheit nutze ich natürlich auch für soziales Engagement, besonders wichtig ist mir die niederösterreichische Krebshilfe, für die ich bereits seit vielen Jahren als Pink-Ribbon-Botschafterin fungiere. Aber auch das Wohl der benachteiligten Kinder und das der kommenden Generationen liegen mir ebenso am Herzen wie der Tierschutz.

Auch Neues probiere ich gerne einmal aus und so sorgte ich für Furore als Synchronsprecherin im Walt-Disney-Streifen »Himmel und Huhn«.

Ein Anruf von Eppi erreichte mich – wir müssten nach München fliegen.

»Und was machen wir dort?«, fragte ich ihn verwundert.

»Wir müssen unsere Stimmen dem Walt-Disney-Film ›Himmel und Huhn‹ leihen!«

Ich fragte mich selbst: »Kann ich das?«

Eppis dominante Antwort darauf: »Ja, selbstverständlich kannst du das!«, machte es mir einfach, dem Projekt zuzustimmen.

Ab in den Flieger – und just saßen wir bereits im Tonstudio. Als ich hörte, welche Prominenz mit von der Partie war, fiel mir das Herz gleich sprichwörtlich in die Hose. Der Empfang war sehr herzlich, und den Text zitternd in der Hand ging es ab in das Aufnahme-Kämmerlein. Es folgte ein Probelauf – der war gleich so gut, dass es kurz darauf mit einem »Passt« direkt zur Aufnahme kam. Ich war einmal mehr von mir selbst überrascht.

Natürlich waren wir beide – wie könnte es anders sein – die Synchronstimmen der Aliens. Neben Boris Becker wirkte auch Verona Pooth mit. Sie gab ihr Synchronsprecher-Debüt und verlieh Susi Schnatter ihre Stimme. Außerdem war noch der damalige Exbürgermeister von Wien, Dr. Helmut Zilk, Teil des Teams.

»Himmel und Huhn« hieß im englischen Original »Chicken Little« und war bereits 1943 als Zeichentrick-Kurzfilm gezeigt worden. Und die Neuverfilmung war ebenso – wie fast alles von Walt Disney – ein großer Erfolg gewesen. Ich erinnere mich gerne an die tolle Premierenfeier im Hotel Hilton in Wien, bei der auch meine geschätzte Freundin Dagmar Koller und Regiestar Franz Antel mit uns diesen Erfolg zelebrierten.

Das Leben mit den Medien ist spannend. Aber ob Sie es glauben oder nicht: Ich finde mich tatsächlich immer schrecklich, egal ob im Fernsehen, im Radio oder in Zeitungen. Ich mag mich selbst weder sehen noch hören und wenn ich mich im Fernsehen erblicke, schalte ich in der Sekunde um. Mittlerweile habe ich mich an diese Schreckensminuten aber schon gewöhnt.

Gerda-Rhythmus – Rezept fürs Altwerden

Früher hörte man, dass Alterungsprozesse und das erreichbare Lebensalter von den Genen abhängig sind. Ob man lange vital sein kann oder der Alterungsprozess ein wenig schneller einsetzt, ist demnach eine Frage der körperlichen Anlage – und damit Schicksal und angeboren. Der Rest wird durch unsere Lebensweise beeinflusst.

Bei mir selbst kann ich beobachten, dass ich wohl eine innere Uhr habe. Um fünf Uhr holt mich mein geliebter weiser innerer Wecker unsanft aus dem Traumland. Schlummer, schlummer – und dann heißt es raus aus den Federn und ab in die Küche zur Kaffeemaschine. Anschließend schalte ich das Radio ein, starte mit Robert Kratky und dem Ö3 Wecker in den Tag und genieße ein gemütliches Frühstück, bestehend aus ungezuckertem Kaffee (Zucker ist ja schlecht für die Zähne, auch für schiefe und oft bemängelte, wie meine), Butter, Roggenbrot und einem weichen Ei. American Breakfast gibt es nur am Sonntag, denn da ist »Cheat Day« – den darf man sich ruhig auch mal genehmigen. Ich stehe früh genug auf, um mir diese köstliche Morgenstunde zu gönnen und dann geht es schnurstracks zu meinem »Beautydoc«, in mein Badezimmer. Auf die Körperpflege im Bad muss ich nicht näher eingehen, man sollte aber großen Wert darauf legen. Fläschlein und Tiegelchen gibt es genug, die Haare müssen ja auch nicht aussehen, als hätte man zuvor in die Steckdose gegriffen. Dann stellt sich für mich die Frage des Tages:»Was ziehe ich heute an?« Ein Albtraum. Mein Modebewusstsein ist genetisch bedingt gut ausgeprägt, aber wenn man eine Schwester hat, die Modegeschäfte betreibt, kann die Wahl oft zur Qual werden. Nichts wird zu eng. Nichts wird zu alt. Die Sammelleidenschaft – eine Never-ending-Story. Zweimal im Jahr ergreift mich dann aber doch der Kleiderrappel. Türen auf, Kartons und Säcke her – und ab geht alles zur Charity ins Tierheim. Nein, nicht dass die Tiere meine Kleidung tragen. Dort werden sie im Zuge einer Charity-Veranstaltung verkauft – und Fans in meiner Kleidergröße freuen sich, ein Stück Gerda Rogers mit nach Hause zu nehmen. Ich wiederum freue mich besonders, dass mit dem Erlös der Kleider Sinnvolles für die Tiere, meine besten und treuesten Freunde, angeschafft werden kann.

Und noch einer freut sich – zumindest würde er das, wenn er könnte: mein Kleiderschrank. Es gibt wieder ausreichend Platz für Neues. Die Wirtschaft muss ja auch leben. Ein nie endender Kreislauf.

Um neun Uhr beginnt mein offizieller Arbeitstag. Termine wahrnehmen, Horoskope verfassen, Medienarbeit, Fernsehauftritte und Werbeaufnahmen, Fototermine etc., und telefonische sowie persönliche Beratungen sind mein Alltagsprogramm. In meiner Freizeit widme ich mich voller Passion der Gartenarbeit, der Liebe zu Flora und Fauna, im Speziellen aber auch meinen Spaziergängen mit Hund Shirley. Abende verbringe ich besonders gern mit lieben Freunden bei einem gemütlichen Abendessen – man glaubt es kaum, auch ich esse gerne. Gepflegte Atmosphäre ist mir nicht nur für meinen Teint wichtig, sondern vor allem für mich selbst. Verrauchte Lokale, in denen es einem den Atem verschlägt bzw. man diesen anhalten muss, vermeide ich. Pfui!

Um einundzwanzig Uhr klingelt wieder einmal meine innere Uhr. Oft denke ich mir: »Ist es wirklich schon so spät?«, wie der legendäre rosarote Panther so schön sagt. Das Abendritual beginnt. Ich lasse einmal noch den Tag Revue passieren, quäle mich nicht mit schrecklichen Krimis inklusive Mord und Totschlag in den Schlaf, sondern trinke noch eine Tasse ungezuckerten Tees – und ab geht es in die Heia.

Ausnahmen bestätigen auch meine Regel. Wenn ich im Urlaub, speziell in meinem heißgeliebten Italien, bin, mache auch ich schon mal die Nacht zum Tag. Gelegentlich passiert es mir, dass ich erst zu einer Uhrzeit schlafen gehe, zu der ich sonst normalerweise aufstehe. In Italien hat die Versuchung schlechthin einen Namen: »Luigi's Bar«. Bei italienischer, romantischer Musik mit internationalem Publikum beim Plaudern, verliere ich schnell die Zeit. Gerne beobachte ich auch das Kommen und Gehen der Gäste, manch einen verwelkten Gigolo am Barhocker, der jede Frau mit Blicken an- und auszieht (auch mich) und glauben, sie seien noch dreißig. Wie interessant ist doch das Individuum Mensch, wie es sich fühlt und völlig realitätsfremd einstuft – eigentlich bewundernswert.

Meistens gehe ich mit jungen Menschen, Ö3-Kollegen oder auch meinem Autor und Freund Clemens Trischler, aus. Wir besuchen ausgewählte Events, Premieren oder gehen nett Abendessen. Was wurde mir doch schon alles mit ihm angedichtet. »Auch sie hat jetzt einen jungen Lover an ihrer Seite?« Damit würde ich sicher im Trend liegen, aber ich setze lieber eigene und andere Trends. Er ist weder Enkel noch Neffe und schon gar nicht Liebhaber, sondern einfach mein lieber Clemens. Ich schätzte immer Liebhaber, in meiner Altersklasse und darüber hinaus. Heute sind sie alle weggestorben. Das hieße ja, die Stecknadel im Heuhaufen zu finden.

Ich muss ehrlich sagen, komischerweise bin ich trotz fortgeschrittenen Alters aktiver als je zuvor. Ich denke auch überhaupt nicht daran, den Löffel abzugeben. Die Lebensuhr tickt, tickt und tickt – und ist noch nicht stehengeblieben.

Zurück zum eigentlichen Thema: Die Art der Ernährung scheint ein wesentlicher Aspekt dieses Älterwerdens zu sein. Entscheidend ist aber die Botschaft: Es liegt durch unsere Lebensweise zum größten Teil in unserer eigenen Hand, wie wir älter werden. Im Gegensatz zum Gehirn, meldet sich der Magen, wenn er leer ist.

Über die Jahre habe ich gemerkt, dass ich ziemlich stressresistent bin. Ich nenne das eher mein steinböckisches Pflichtbewusstsein und bin heute und in meinem Alter in der glücklichen Lage, mir diesen Stress sogar aussuchen zu dürfen. Selbstverständlich beobachte ich in meiner Arbeit, dass Dauerstress für sensible Menschen zum psychischen Problem werden kann. Das berühmt-berüchtigte Burn-out ist die Folge.

Damit stelle ich Ihnen also mein »Gerdas«-Antistress-Rezept vor: viel Schlaf und wenig Essen. Es ist wichtig, auf die körperliche Uhr zu hören und den gewohnten Tagesrhythmus beizubehalten. Es muss ausreichend Schlaf und genug Raum zwischen den Terminen am Tag geben. Die meisten Menschen schlafen aber einfach nicht mehr genug. Und das, obwohl der Druck am Arbeitsplatz vor allem durch den Einfluss der neuen Medien um einiges größer geworden ist und daher eigentlich mehr Schlaf notwendig wäre. Der Schlaf ist einer der wichtigsten Prozesse des menschlichen Körpers.

Älter zu werden ist für niemanden lustig, und auch ich beäuge mich täglich kritisch im Spiegel und wundere mich dabei, was sich so alles verändert. Aber ein bisschen entgegensteuern kann man ja trotzdem.

Dazu gehört als Erstes eine Waage ins Haus und man benötigt einen gesunden Ernährungsplan, möglichst weit weg von Alkohol und Zigaretten (das war aber ohnedies nie mein Thema).

Manchmal schießt auch mir der Gedanke durch den Kopf: »Wie wäre es mit einem Lifting?« Nein, dieser Gedanke findet sekundenschnell ein Ende – ich lass mir doch nicht mein Gesicht zerschneiden! Dann lieber doch der Griff zu anderen kosmetischen Hilfsmitteln, von denen es ja mittlerweile mehr als genug gibt.

Oh, Gott, was haben denn die Leute früher gemacht? Sie sind wohl einfach nur in Weisheit gealtert, denn Erlebnisse und Erfahrungen gehören zu einem Gesicht. Man muss begreifen, und das trotz aller Hilfsmittel, dass man mit fünfundsiebzig Jahren nicht aussehen kann wie mit dreißig.

Ich stehe heute sehr glücklich zu meinem Alter und meiner Jahreszahl.

Mein Therapeut heißt auch Natur. Es gibt nichts Schöneres, als auf meiner Terrasse zu sitzen, einen Sonnenuntergang zu beobachten und in einer klaren Vollmondnacht mit leuchtenden Sternen am Himmel einzuschlafen.

Schönheit – eine eigene Wissenschaft

Mit dem Thema Schönheit werde ich von meinen Fans, und auch meinen Nicht-Fans, gerne und oft konfrontiert. Zuallererst: Gute Gene und das natürliche Aussehen habe ich glückerweise von meinen Eltern mit auf meinen Weg bekommen. Ich konnte mir das quasi gar nicht aussuchen. Sie wurden schließlich zweiundneunzig und vierundneunzig Jahre alt.

Ich bin davon überzeugt, dass man im Alter so aussieht, wie man in der Jugend gesündigt hat. Erhalte dir also das, was dir von den Eltern in Form von Genen mitgegeben wurde. Und das heißt: Disziplin, Disziplin, Disziplin.

Schönheit liegt trotzdem im Auge des Betrachters. Ob innere oder äußere Schönheit sei dahingestellt, optimal ist aber eine Symbiose von beidem. Das Thema besteht für mich nicht nur aus einem gepflegten Äußeren als Grundlage, sondern auch aus Intelligenz, Charme und Niveau. Denn auch nicht vom lieben Gott madonnenhaft ausgestattete Menschen können genauso begehrenswert und anziehend sein.

Stolz öffne ich meinen Kleiderkasten und hole mein Lieblingskleid von vor über vierzig Jahren heraus. Der englische Stardesigner Ossy Clark, dessen Lieblingsmodel Bianca Jagger war. Größe 36 – und es passt mir auch heute noch und das ganz ohne Skalpell und Fettbsaugung.

Und wie schafft man das? Ganz einfach: Vergiss den Blick auf die Waage nicht und ziehe die Bremse, wenn es rot blinkt!

Zum Thema Lifting habe ich auch eine klare Haltung: Wenn es sein muss, steige ich in den Lift, aber liften lasse ich mich sicher nicht. Am liebsten gehe ich zu Fuß, wann immer das möglich ist, denn auch das tut dem Aussehen bekanntermaßen sehr gut.

Ein fataler Fehler ist es stets, Menschen generell nach ihrem Aussehen zu beurteilen, ohne sie zu kennen. Die schnelle Kritik kann sich rasch als ein Schuss nach hinten entpuppen. Ein beliebtes Angriffsziel für solch pauschale Vorurteile sind dabei gerne die Blondinen, wie auch ich eine bin.

Wie es im Volksmund so schön heißt: »Die Blondinen halten, was die Schwarzen versprechen.« Ha! So eine besonders sinnbefreite Meinung habe ich selten gehört, aber dennoch schon viel zu oft erlebt. Mit Eleganz habe ich dann gerne über derartige schlechte und geschmacklose Witze hinweggeblickt. Auch die Haare kann man sich ja färben – und somit haben Witze dieser Art meiner Meinung nach keine Gültigkeit mehr.

Blond und blauäugig – auch das bin ich – und fühle mich im Kreise von Blondinen sehr wohl. Denken Sie doch nur an die wunderschöne Grace Kelly, die einst schöne Brigitte Bardot, die immer noch faszinierende Catherine Deneuve oder die mittlerweile 80-jährige Jane Fonda.

Es gibt langweilige Schönheiten, witzige, mitreißende oder umsorgende mütterliche Schönheiten – für jeden etwas, die Auswahl ist ja heutzutage besonders groß. Frauen sehen andere Frauen in jedem Fall immer vollkommen anders als Männer. Besonders im Bezug auf die Optik. Oft erlebte ich, dass mein Urteil im Unterschied zu anderen stark auseinanderdriftet. Wenn ich gesagt habe: »Das ist eine Schönheit!«, kam prompt die Antwort aus dem Mund eines Mannes: »Was gefällt dir an ihr?« Es hat eben jeder sein Schönheitsideal.

Bei der Frauensuche der Männer spielt das attraktive Aussehen eine gewichtige Rolle. Schöne Frauen haben es dabei nicht unbdingt leichter im Leben – sie ziehen Blicke auf sich, mit denen der spätere, eigene Ehemann nicht zurechtkommt. Ein Blick reicht, und schon ist der Ehekrieg perfekt. Faszinierend ist, dass sich weniger attraktive Männer am liebsten mit der Miss World präsentieren. Na ja, träumen darf man ja.

Und dann gibt es ja auch noch den Störfaktor Zähne. Meine schiefen Beißerchen sind vielen offensichtlich ein großer Dorn im Auge, wie ich zahllosen Facebook-Kommentaren entnehmen konnte. Mir nicht. Sie sind noch immer so, wie sie mir gewachsen sind – ich habe fünfundsiebzig Jahre mit ihnen gelebt und geliebt. Sie werden auch noch die restlichen Jahre mit mir aushalten und gemeinsam werden wir in Würde altern.

Liebe Leserinnen und Leser, liebe Fans und auch liebe Nicht-Fans: Gewöhnt euch bitte an meine süßen Beißer, ich liebe sie – und lebe nach der Maxime von früher: Schmeiß nichts hinaus, was noch bestens funktioniert!

Überdies habe ich einen jungen, gutaussehenden Zahnarzt, den ich gerne besuche und der es glücklicherweise schafft, mir nicht wehzutun. Ich appelliere an alle, die Angst vor dem Besuch beim Zahnarzt haben: habt einfach keine!

Mein ultimativer Gesundheitsrat: Raucht nicht, nascht nicht – hin und wieder ein Stückchen Stresskiller-Schokolade oder ein Eis dürfen aber natürlich sein! Und bitte: Putzt euch die Zähne, bevor sie euch herausfallen. Im Übrigen: Gelbe Zähne sind nicht unbedingt hübsch für das optische Erscheinungsbild – höchstens man liebt die Farbe Gelb.

Ehrlich gesagt habe ich gar nichts gegen eine Botox-Spritze hier und ein bisschen Hyaluronsäure da einzuwenden. Nur bitte mit Maß und Ziel – sonst geht man ja noch als lebender Zombie durch die Welt und derlei kenne ich wahrlich genug. An Gurkenscheiben und Avocado-Masken als alleiniges Beautygeheimnis glaubt doch wirklich keiner, das ist wie Wasser predigen und Wein trinken.

Denn auf das gepflegte Gesamtbild kommt es letztendlich an, und nicht auf eine zweite Falte mehr im Gesicht.

Wer eine Botox-Beichte von mir wittert, den muss ich leider bitter enttäuschen – die Besuche beim Beautydoc sind sehr rar und kosten einer wirtschaftlich denkenden Steinbock-Frau, wie ich es bin, außerdem viel zu viel Geld.

Mein Fitnessprogramm ist ebenso denkbar einfach: Gartenarbeit und Spaziergänge mit dem Hund. Das tut nicht nur der Seele gut, sondern auch Bauch, Beine und Po.

Die Meinungen von manchen Leuten kann ich leider nicht beeinflussen, die Hauptsache ist, dass ich weiß, was mit mir und meinem Gesicht geschieht. Macht euch keine

Gedanken um mich oder anders gesagt: Ihr habt ja ebenso einen Spiegel zu Hause – und ich hoffe, ihr kennt euer eigenes Programm und wisst den Spiegel zu nutzen.

Übrigens, falls Sie sich gerade fragen, in welchen Kreisen ich mich bewege und ob ich jeden Tag auf einem anderen Event bin: Ich war nie ein großer Freund von Partys oder gar großen Menschenansammlungen. Das ist aber für einen Steinbock vollkommen normal, in astrologischen Bildern sieht man ihn im Alter auf der Bergspitze mutterseelenallein.

Ich kenne kaum ein Tierkreiszeichen, das so glücklich und allein leben kann wie der Steinbock. Das bestätigt mir auch immer wieder meine Schwester Renate. Daher sind ausschweifende Geburtstagsfeste für einen Steinbock, insbesondere für mich, in keiner Weise erstrebenswert. Ich bin froh, wenn ich ohne Altersangabe und Arztbesuche alt werde. Ich habe in der Mitte meines Lebens einfach aufgehört zu zählen, wie oft die Erde die Sonne umkreist hat, denn für diesen Unsinn hatte ich nichts übrig. Fazit: Als Silvesterkind habe ich das große Glück, dass mein Geburtstag gerne vergessen wird, um vier Uhr früh sind alle schon längst betrunken. Macht wirklich gar nichts! Heute bin ich also zahllos, anstatt zahnlos.

Passend dazu ein Neujahrserlebnis der besonderen Art: Mitternachts, als ich wie gewohnt meine Sternstunden verließ, wurde ich plötzlich in der Innenstadt mit Blaulicht durch die Funkstreife zum Halten gezwungen. Galt das mir? Ja, denn sonst war niemand auf der Straße. Ich stoppte meinen Wagen, öffnete das Fenster und ein blutjunger Polizist kam und verlangte meine Autopapiere. Er fragte mich kess: »Haben Sie schon einmal einen Alkotest gemacht?«

Ja, alles muss man einmal und zum ersten Mal machen, auch einen Alkotest. Ich konnte trotzdem mein »Warum?« nicht unterdrücken. Das Resultat war selbstredend »0,00 Promille«.

Er fuhr fort: »Wir haben gerade die Sternstunden gehört und da wurde ja auf Ihren Geburtstag angestoßen!«

Meine triumphierende Antwort: »Glauben Sie wirklich, ich fahre sternhagelvoll nach Hause?«

Das ist ein absolutes Tabu für mich, wenn ich mit dem Auto unterwegs bin: Alkohol zu konsumieren. Nicht einmal ein Gläschen zum Anstoßen – nur Aqua Minerale.

Ich sprach's, lächelte und ab ging es nach Baden.

Essen mit Maß und Ziel – ein weiser Rat meines Vaters, den ich noch im Gedächtnis habe, als wäre es gestern gewesen: »Hör auf zu essen, wenn es dir am besten schmeckt!«, so lautete dieser. Diese Ansicht teile ich zu hundert Prozent mit ihm. Ein einfaches Bild illustriert das sehr gut: Je mehr man in einen Sack hineinstopft, desto fester wird er. Und das immer und nicht nur, wenn Weihnachten und Santa Claus nahen. Selbiges gilt auch für das Konsumieren von Alkohol. Einen kleinen Beleg dazu möchte ich Ihnen nicht vorenthalten:

Als ich neulich mit Freunden einen geselligen Abend beim Italiener feierte und mir die Frage gestellt wurde, ob ich noch ein Glas Bier trinken möchte, antwortete ich salopp – wie schon öfter in solchen Situationen: »Danke, ich bin am Ende.«

Fazit: Man muss im Leben immer wissen, wann es genug ist.

Ich sehe mich trotzdem nicht als Spaßbremse, wenn ich nüchtern in geselliger Runde sitze. Um lustig zu sein, brauche ich keinen Alkohol – das bin ich auch ohne. Aber es soll doch jeder so leben, wie sie beziehungsweise er sich wohlfühlt und nicht immer auf andere schauen und dabei Kritik ausüben.

Das ist mein Rat an Sie: Tun Sie das, wobei Sie sich wohlfühlen. Das Wichtigste ist das gesunde Wohlbefinden. Der liebe Gott hat mit uns das Kunstwerk Mensch geschaffen, denn jeder ist anders. Leider beschäftigen sich die Menschen zu viel damit, was andere tun, und vergessen dabei oft auf sich selbst.

Die Moral von der Geschicht: Simply love yourself!

Zu zweit sind wir weniger allein – von Seelenverwandtschaft & Wegbegleitern

Immer wieder werde ich gefragt, wie das Leben als Zwilling denn so ist? Das Wesentliche, das ich allen Nicht-Zwillingen vermitteln kann, ist: Ein Zwilling fühlt sich seelisch nie allein – zum Leidwesen der Partner, denn Geheimnisse, die man ja auch in einer Ehe und Partnerschaft haben darf, vertraut man nur einer Zwillingsschwester oder einem Zwillingsbruder an.

Sie oder er fühlt und versteht einen am besten – nur der Zwilling denkt genauso wie ich. Aber, und das ist die Kehrseite der Medaille: So ein Zwillingsdasein kann durchaus sehr nervig sein. Die Erstgeborene (das bin nicht ich) will immer recht haben und die Zweitgeborene (das bin jetzt ich) passt sich an, nein, eigentlich muss sie sich mit Widerwillen anpassen. Auch eineiige Zwillinge wie wir sind einander zwar genetisch sehr ähnlich, aber uns wurden auch abweichende Nuancen mit in die Wiege gelegt. Vielleicht ist es daher empfehlenswert, dass Zwillinge irgendwann einmal auch einen Trennungsweg von einander einschlagen, damit sich jeder eigenständig entwickeln kann. Aber spätestens im Alter dreht sich der Spieß um, denn im Laufe der Jahre entwickelt man natürlich eine eigene Persönlichkeit, mitgeformt von Ehemännern (in meinem Fall: zwei) und Wegweisern des Schicksals. Erfahrungen macht jeder für sich, auch ein Zwilling, und irgendwann einmal muss man seinen Weg allein gehen. Die Abnabelung für eineiige Zwillinge ist dennoch ein besonders schwieriges Unterfangen, seelisch hängt man doch ein Leben lang an einem Band.

Sicher haben mir bei diesem Abnabelungsprozess meine langjährigen Auslandsaufenthalte dabei geholfen und doch hat uns der Weg ins beschauliche Baden bei Wien letztendlich im Alter wieder zusammengeführt. Wir beide sind immer wieder verblüfft, wie ähnlich und nahezu identisch unsere Leben doch verlaufen, z.b. haben wir beide am Linzer Pöstlingberg ähnliche Häuser gebaut – und auch in Baden wiederholte sich dieses Phänomen. Zwei gleiche Häuser getrennt von nur zwei Straßen. Trotz meines eigenen Wohnsitzes verbringe ich viel Zeit bei meiner Schwester inklusive Übernachtungen – und umgekehrt. Gekocht wird, was uns beiden schmeckt – daher sehr unkompliziert. Die italienische Küche hat bei uns geschmacklich die Oberhand. Natürlich fahren wir außerdem seit Jahrzehnten nicht nur die gleiche Automarke, sondern sogar noch das gleiche Modell. Damit wir sie jedoch auseinanderhalten können, zumindest in unterschiedlichen Farben.

Die Gartenarbeit verbringen wir meistens gemeinsam in einem unserer Gärten, auch diese haben eine verblüffende Ähnlichkeit mit einander. Mir fällt auf, dass wir sogar dieselben Pflanzen und Blumen sprießen lassen.

An einem Samstag, ich arbeitete gerade mit Clemens Trischler intensiv am Manuskript für dieses Buch, ereilte mich ein Anruf meiner Schwester Renate. Schon bevor ich abgehoben hatte, spürte ich, dass etwas Größeres passiert sein musste. Die verblüffende Telepathie zwischen uns beiden sollte auch hier wieder in Erscheinung treten. Ich hatte recht. Welcher Stern stand wohl heute schlecht? Mit weinerlicher Stimme brüllte sie mir ins Telefon: »Bring mich sofort ins Krankenhaus!«

Der Vorteil, dass man in Nachbarschaft wohnt, ist, dass man gleich da sein kann. Ich sauste mit meinem roten Flitzer zu ihrem Haus, fand in der Einfahrt den schweren Terrakotta-Blumentopf umgekippt und Blumen heraußen liegend vor. Meine Schwester traf ich verzweifelt auf der Stiege sitzend an, das Vorzimmer war blutverschmiert und ihre Zehe blutete immer noch stark. Zum Glück hatte sie nicht ihre geliebten Designerschuhe an, sondern billige Sandalen, die ich ihr in der Sekunde einfach aufschnitt. Eitel, wie sie ist als modebewusste Geschäftsfrau, schrie sie sofort nach dem Designerpulli, denn mit der Gartenkleidung wollte sie keinesfalls ins Krankenhaus geführt werden. Nein, das ging gar nicht.

So weit, nicht gut – der Fuß wurde eingegipst und fünf Wochen lang musste sie kürzertreten und war auf mich angewiesen. Den Italienurlaub konnten wir schmeißen. Na ja, mitgefangen, mitgehangen.

Einmal warnte ich meine Schwester aufgrund einer astrologisch bedingten »Unfallkonstellation« und bat sie, im Straßenverkehr besondere Vorsicht walten zu lassen. Es war allerdings schließlich ich selbst, die einen kleinen Unfall hatte. Mir ist Gott sei Dank nichts passiert, ich habe halt ein neues Auto bekommen. Aber fast schon unheimlich war, dass Renate nur vierzehn Tage später an der exakt gleichen Stelle auch jemand in ihr Auto fuhr. Die Prognose trat also tatsächlich ein und auch sie bekam ein neues Auto. Es lag kaum ein Zentimeter zwischen den Unfallstellen.

Außerdem haben wir dieselben Talente, sind etwa beide sehr wirtschaftlich und praktisch veranlagt: Ich könnte ihren Job machen und sie genauso meinen. Tanja, meine Nichte, hat immer gesagt, sie habe zwei Mütter und selbiges fühlte auch mein Sohn Ronald.

Dass es bei all der Gleichheit und Verbundenheit Unterschiede gibt, ist schwer vorstellbar und doch gibt es sie. Sie äußern sich im Charakter. Die Stärkere ist eindeutig Renate und obendrein auch die etwas Dominantere und Emotionalere. Sie übernimmt schneller das Kommando. Ich hingegen war, und bin es bis heute noch, eindeutig die Vorsichtigere. Lächelnd muss ich allerdings mittlerweile feststellen, dass ich mich wohl ebenfalls entwickelt habe. In jedem Fall ist meine Schwester mit Sicherheit die Überlegtere und Familiärere, kombiniert mit extremer Genauigkeit.

Zehn Minuten trennen uns Schwestern. Ja, ja, das ist wahrlich eine minimale Zeitspanne im Vergleich zu herkömmlichen Geschwistern. Doch die Erstgeborene zu sein, ging immer mit der elterlichen Erwartungshaltung einher, auf die kleine und damit auch jüngere Schwester aufpassen zu müssen. Für unseren Vater war klar, Renate ist »die Ältere«, selbst wenn es nur zehn Minuten waren. Wir haben das nie wirklich verstanden, aber akzeptiert. Das Thema Urlaubsplanung war stets ziemlich unkompliziert: er wird gemeinsam verbracht, vor allem jetzt, wo die Männer weg sind.

Zusammenfassend kann und muss ich sagen – aus einem Ei wurden zwei Eier, und die Verbundenheit besteht trotzdem für immer und seit immer.

Aber nicht nur Mitglieder der Familie sind wichtige Wegbegleiter im Leben. Wie schon meine damals 92-jährige und mittlerweile leider verstorbene Freundin Ica zu mir zu sagen pflegte: »Im Alter brauchst du junge Freunde, denn alt wirst du von selbst und sie sterben dir alle weg.«

So hatte ich das Glück durch meine Ö3-Familie immer wieder junge und nette Menschen kennenzulernen, bei denen ich mich stets angenommen und wohl fühlte.

Ganz besonders schlägt natürlich mein Herz bis heute, wie schon erzählt, für meinen Eppi (Peter L. Eppinger), der mit mir zwölf Jahre lang die Sternstunden moderierte. Seit damals sind wir unzertrennlich und dicke Freunde.

Durch ihn lernte ich eine weitere besonders liebe und wunderschöne Freundin kennen – den ehemaligen »GZSZ«-und »Sturm der Liebe«-Star Natalie Alison. Obwohl sie aus beruflichen Gründen die meiste Zeit im Ausland weilt, hat sich unser Freundschaftsband nie getrennt. Für mich ist sie halt einfach die einzigartige junge Grace Kelly. Ihr Zwergpudel Elvis ist mir ebenfalls sehr ans Herz gewachsen, und nicht nur das, auch als Göttin Amor fungierte ich erfolgreich, ist Natalie doch jetzt die Partnerin des Autors Clemens Trischler – eine schöne Lovestory. Besonders gerne verbringe ich Urlaube mit meinen Freunden Paul, Martin und Helga, egal wo, egal wann – eine Garantie für Unterhaltung der Lachmuskeln. Aber auch das schöne Stadttheater Baden mit den sommerlichen Aufführungen in der Sommerarena wird von uns gerne besucht. Besonders praktisch: Paul ist Kardiologe, das kann man im Alter ja immer brauchen.

Eine meiner interessantesten Begegnungen in meinem gesamten Leben war jene mit dem weltberühmten britischen Chirurg und Pionier der Organtransplantation Roy Calne.

Wir lernten uns, wie könnte es wieder einmal anders sein, in der Hotellobby eines Kitzbühler Hotels kennen, als ich mit Renate dort einen Skiurlaub verbrachte. Selbstredend waren wir für ihn als Zwillinge auch eine interessante Begegnung. So kamen wir ins Gespräch, und er als Transplantationsgenie erläuterte uns, wie problemlos und erfolgreich Transplantationen zwischen eineiigen Zwillingen ablaufen. Für mich öffnete sich damals, vor mittlerweile 40 Jahren, eine neue, außergewöhnliche, medizinische Welt. Nicht nur, dass er ein toller Arzt war faszinierte mich, sondern auch seine künstlerische Ader, die er unter Beweis stellte, als er uns porträtierte.

Als Weltenbummler, die wir beide waren, trafen wir uns, wenn es die Zeit erlaubte, kosmopolitisch in London, Paris oder Wien. Sein Wissen wusste sogar die Queen zu schätzen – er wurde 1986 zum Sir geadelt. Seine unglaubliche Bescheidenheit in Verbindung mit seiner umfassenden Expertise war begeisternd. Die interessantesten Menschen lernte ich auf Reisen kennen. Eine rein platonische Freundschaft, die bis heute besteht. Ja, auch das ist zwischen Mann und Frau möglich. Freundschaften sind mir im Allgemeinen sehr wichtig, es kommt dabei nicht darauf an, wie oft man sich sieht und hört, aber wenn es dann so weit ist, geht die Türe des Herzens sofort wieder auf.

Ehrlichkeit hat in meinen Freundschaften oberste Priorität.

New York. Es bietet mir jedes Mal aufs Neue Überraschungen und neue Eindrücke. Meine Freundin Annemarie ist wie ich eine Jazzliebhaberin, Musik- und Opernfan. Sie lebt in New York. Als ich sie dort wieder einmal besuchte, überraschte sie mich mit einem Musicalbesuch von »Cats« am berühmten Broadway. Als die grandiose Vorstellung nach gut drei Stunden zu Ende war, war das noch keineswegs das Ende dieses Abends: Sie rief ein Yellow Cab (Taxi) und ab ging es ins Künstlerviertel Greenwich Village zu den tollsten Jazzclubs der Welt. Klein, rauchig, schummrig, aber mit den besten Jazzmusikern und Sängern der Welt. Alle jenseits der fünfundsiebzig Jahre, die die Zeit noch mit Duke Ellington, Ella Fitzgerald und Miles Davis hautnah miterlebten. Heute ist das nicht mehr vorstellbar. Sie sind alle mittlerweile verstorben und mit ihnen auch ein Großteil aus der Szene des klassischen Jazz.

Am nächsten Tag stand ein Besuch in einem weltberühmten Hotel auf dem Programm, dessen Name mir leider entfallen ist. Egal, dort trat die unvergessliche Eartha Kitt, eine der Geliebten Marlon Brandos, auf. Man nannte sie die »Katze«, nicht nur aufgrund ihrer erotischen Stimme, sondern auch wegen ihrer schlangenhaften Bewegungen. So räkelte sie sich trotz ihres Alters von siebzig Jahren, liegend und sitzend auf dem Klavier als wäre sie ein junges Mädchen. Mit ihrem Welthit »Ce si bon« endete der Abend – und mein Aufenthalt in der Stadt, die niemals schläft.

Es gibt so viele Menschen, denen ich im Laufe der Zeit begegnet bin. Eine weitere geschätzte Wegbegleiterin, Gaby Schwarz, die ehemalige Programmchefin des ORF Burgenland, sagt liebe Worte über mich: »Ich habe es im Umgang mit Hörerinnen und Hörern immer geschätzt, dass Gerda nicht mit der Wahrheit hinter dem Berg hält, aber den Menschen nie mehr zumutet, als sie im Stande sind zu ertragen. Das zeugt von Menschenkenntnis und großer Sensibilität. Sie vermittelt Menschen, die bei ihr Rat und Hilfe suchen,

Ich habe es im Umgang mit Hörerinnen und Hörern immer geschätzt, dass Gerda nicht mit der Wahrheit hinter dem Berg hält, aber den Menschen nie mehr zumutet, als sie im Stande sind zu ertragen. Das zeugt von Menschenkenntnis und großer Sensibilität.

GABY SCHWARZ, ehem. Programmchefin des ORF Burgenland

das Gefühl, Orientierung zu bekommen, ohne ihnen die Entscheidung über ihre Zukunft abzunehmen. Jeder ist dann letztendlich doch seines eigenen Glückes Schmied. Ich hätte neben anderen Talenten auch gerne ihr unglaubliches Gedächtnis, in dem sie Dinge gespeichert hat, die ich längst vergessen habe oder gerne vergessen hätte.«

Mit der Fernsehikone, oder besser gesagt, dem Rotschopf der Nation, Chris Lohner, verbindet mich seit mittlerweile mehr als zwanzig Jahren eine innige seelische Verbundenheit, und das nicht nur, weil wir beide im Showbusiness tätig sind. Gestärkt wird diese Freundschaft durch meine »Oma«-Dienste für ihren Cairn Terrier Shirley.

Tiere, speziell Hunde, gehören einfach zu meinen liebsten Wegbegleitern. Sie sind treu, dankbar und anhänglich – und im Unterschied zu Männern widersprechen sie auch nicht. Erfrischend und sehr unterhaltsam finde ich jedes Mal Chris' selbst verfasste Kabarettprogramme, wo ich natürlich immer die Erste bin, die ihre Vorstellungen zu Gesicht und Ohren bekommt. Ganz besonders bewundere ich sie für ihr soziales Engagement für den Verein »Licht für die Welt«, wo sie sich für die Ärmsten der Armen in Afrika einsetzt und trotz all dieser Aktivitäten die Zeit für ihre schriftstellerischen Aktivitäten findet.

Jeder, der in einen Zug steigt oder einen Bahnhof betritt, wird mit ihrer Stimme konfrontiert. Sie ist die Stimme der Nation – und das bestimmt auch dann noch, wenn sie einmal nicht mehr unter uns weilt. Denn mit der Technik ist heute alles digital und damit für die Ewigkeit.

Freunde kommen, Freunde gehen – doch es reicht ja, wenn eine Handvoll dann am Grab steht. So ist das Leben. Aber keine Angst, ich habe in diesem Leben noch einiges vor, das Jenseits kann ruhig noch ein bisschen warten. Beim »Eintritt« in diese Welt ist die Leiter zum Hinübergehen bereits angelehnt. Neugierig bin ich jedoch ehrlich gesagt schon, was mich »drüben« erwartet. Die Spannung steigt, ich bin ja von der Reinkarnation der Seele, wie es auch die Buddhisten meinen, überzeugt. Bis dahin besuche ich meine Freunde allerdings lieber zu Hause als auf dem Friedhof, weshalb sie mit meinem zunehmenden Alter immer jünger werden.

Jung trifft Alt – eine außergewöhnliche Freundschaft

Ein berühmtes Sprichwort sagt: »Das Glück der Erde liegt auf dem Rücken der Pferde.« Was Glück ist, definiert jeder anders. Es kann auch ein Buch sein. Und in meinem Fall ist dieses Leseglück meinem Autor, Clemens Trischler, zu verdanken.

Clemens ist im Sternzeichen Schütze geboren mit Aszendent Skorpion. Eine Herausforderung für jeden – auch für mich. An Überraschungen und spontane Ideen habe ich mich trotz meines Alters sehr schnell gewöhnt. Dieses Tempo und die damit verbundene mitreißende Art tun mir gut, obwohl mir hin und wieder doch die Luft dabei ausgeht. Macht nichts. Seine Ehrlichkeit und Direktheit schätze ich besonders. Mit dieser feurigen und umtriebigen Sternenenergie rast er von Event zu Event und die Roten Teppiche, egal ob hier oder im Ausland, sind sein Zuhause. Mit seiner charmanten Waage-Venus schafft er aber immer wieder den Spagat zwischen Erde und Himmel und sorgt so für Harmonie in unserer Freundschaft.

Eines Tages fragte er mich: »Gibt es eigentlich eine Biografie über dein Leben?« Mein »Nein« als Antwort war für ihn der ausschlaggebende Grund, dieses Buch zu schreiben. Aus einer Idee wurde ziemlich schnell ein ernstzunehmendes Großprojekt. Der Gedanke faszinierte mich bald.

Na gut, dachte ich, und wir begannen relativ rasch damit, uns ans Werk zu machen – und hatten dabei auch richtig viel Spaß. Clemens ist der schlagfertigste, lustigste und wortgewandteste Mensch, den ich kenne – ein Schütze par excellence. Er hatte mich definitiv überzeugt.

Schon unsere erste Begegnung war quasi Liebe auf den ersten Blick, rein platonisch natürlich.

Ich wartete gerade auf meine Fernsehaufzeichnung, als plötzlich er hereinspazierte: Clemens Trischler, jung, groß, quirlig, und – was ich zu diesem Zeitpunkt noch nicht ahnen konnte – sehr ehrgeizig. Der erfolgreiche Unternehmer Clemens Trischler, in zahlreichen Medien als »It-Boy« itituliert, ist gern gesehener Gast in den deutschsprachigen Boulevardmedien sowie auf den »Red Carpet«-Events wie dem Opernball oder der »Bambi«-Verleihung. Jetzt avancierte er zum Autor meines Buches. Das Leben aus der Sicht eines jungen Mannes, er ist sechsundzwanzig Jahre alt, zu hören und zu sehen, begeisterte mich (und tut es nach wie vor).

Wir hatten schnell eine tolle Gesprächsbasis, die den Grundstein darin fand, dass wir beide in der Kurstadt Baden bei Wien leben. Durch wiederkehrende, zufällige Begegnungen entstand schnell eine Freundschaft, die außergewöhnlicher nicht sein könnte. Der Altersunterschied von fünfzig Jahren, er könnte glatt mein Enkel sein, und die vollkommen andere Lebensart verglichen mit meinem eigenen Leben, passen aber dennoch sehr gut zusammen. Was ich zu diesem Zeitpunkt allerdings noch nicht wissen konnte: Er hatte Großes mit mir vor.

Denn plötzlich traf mich sein Tun und Handeln wie ein Blitz aus heiterem Himmel – das neue Wort in meinem anscheinend bis dato unscheinbaren Leben hieß: Facebook! Eine Hiobsbotschaft und ein Himmelfahrtskommando zugleich. Hätte ich gewusst, was mich in dieser virtuellen Welt erwarten würde, wäre ich einmal mehr davongerannt. Aber ich liebe einfach den Austausch mit meinen Fans.

Ich kannte Facebook wohl, hatte mich damit allerdings nie befasst und es hatte bis dahin keinen Platz in meinem Leben gefunden – bis Clemens mich eines Besseren belehrte.

Und dann ging es los. Gerda Rogers hatte auf Facebook offensichtlich noch gefehlt. Wir bekamen unzählige Nachrichten, Likes und Kommentare, unglaublich tolle, aber auch viele, auf die wir hätten verzichten können. Das Wachstum war und ist für mich überraschend, gigantisch und so wurde ich noch in meinem Alter in die Welt der sozialen Medien eingeführt. Danke, Clemens!

Trotzdem fragte ich mich: Wer hat so viel Zeit, mehr über mein Leben erfahren zu wollen als über das eigene? Und oft ist es auch so, dass bei meinen Fans Frust und Lust sehr nah beieinanderliegen. Der Grat zwischen Freude und Bewunderung und Beleidigungen, die teilweise unter die Gürtellinie gehen, ist oft sehr schmal.

Bedanken möchte mich an dieser Stelle bei meiner tollen Fangemeinde. Die Macht der Sterne entfaltet auch hier ihre Wirkung. Eine neue Welt öffnete sich für mich – und ich lernte Fans und offensichtlich auch Nicht-Fans, »Hater« genannt, kennen.

Mit meinem Pensionistenhandy, wie es gerne despektierlich genannt wird, konnte ich in der Ära vor Clemens eigentlich recht gut leben, doch dann nahm er mich an der Hand und just ging es in den nächsten Handyshop, den wir nur fünf Minuten später mit einem neuen Handy verließen. Von nun an wischte ich mit meinen Fingern über ein iPhone. Mit dirigentenartigen Knopfbewegungen unterstrich ich meine neue Liebe zum iPhone. Zum Glück kann ich aber dieses, wie auch mein vorheriges aus der Steinzeit, abdrehen.

Clemens war es außerdem, der mir Folgendes offenbarte: »Welche Personen googeln die Österreicher am häufigsten? Klar, die jungen Internet-User suchen weltweit bekannte Künstler wie Katy Perry oder Justin Bieber. Unter den Top Ten findet sich aber nur eine einzige Österreicherin. Es handelt sich um Gerda Rogers.«

Facebook, Instagram und Co – mein neues Leben mit den sozialen Netzwerken

Außergewöhnliche Komplimente und Beleidigungen, die nicht selten unter die Gürtellinie gehen, erwarten mich dort. Zum Glück bin ich eine heitere Frohnatur und lasse mir meinen Seelenfrieden dadurch nicht stören und versuche, mich dieser modernen Kommunikation einigermaßen anzupassen. Schade ist nur, dass man oft seine eigene Meinung am besten nicht bekundet, da man sonst Gefahr läuft, beschimpft zu werden.

»Du alte Schadecken (zu Deutsch: alte Schachtel)!« ist noch eines der eher sympathischeren Kommentare, wobei ich mir die Frage stelle, ob der Verfasser überhaupt weiß, was das ist. Eine exotische Zimmerpflanze? Na ja, für Exotik hätte ich schon was übrig.

Des Öfteren erreicht mich auch die Frage: »Was?! Die lebt noch?« Ich kann all jenen freudig mitteilen – meine Lebensfreude ist ungetrübt, und ja, ich lebe noch.

Ich freue mich in jedem Fall über die tolle Interaktion auf meinen Seiten – hier die kuriosesten und unglaublichsten Reaktionen zusammengefasst: Viele Leute waren und sind überrascht, dass ich ihnen überhaupt antworte und manchmal sogar süffisant und mit einem gewissen Augenzwinkern. Meine Seite betreue ich gemeinsam mit meinem lieben Clemens.

Einmal zum Beispiel schrieb mir jemand auf Facebook: »Heute hätten Sie mich im Merkur-Markt beinahe mit Ihrer vor Paparazzi und neugierigen Blicken schützenden Greta-Garbo-Brille am Weg zur Feinkosttheke, vorbei bei den Spirituosen und Knabberzeug-Regalen, überfahren.« Ich war etwas überrascht und als ich abends mit meiner Schwester bei Tisch saß, stellte sich heraus: Nicht ich, sondern sie war die böse Übeltäterin. Ein Zwilling kommt eben selten allein.

Auch dass meine Zwillingsschwester Renate häufig Autogramme für mich schreibt, vor allem in Linz, wo sie seit Jahren ihre Innenstadtboutique »Eliette« betreibt, ist ein offenes Geheimnis. Manchmal ist es wirklich praktisch ein Double zu haben, das man nicht erst suchen muss. Ebendort wird Renate oft gefragt:

»Frau Rogers, was machen Sie denn hier als Verkäuferin?« Ja, das frage ich mich auch, bin ich doch nur äußerst selten im Geschäft anzutreffen. Und dann nur, um kurz »Hallo« zu sagen.

Renate klärt dann relativ rasch auf: »Ich bin die Falsche!«

Auf besonders reges Interesse stoßen offensichtlich meine Facebook-Videos. Da hatte ich mir zum Beispiel aus Italien wunderschöne Plateau-High-Heels mitgebracht. (Ein Geschenk an mich selbst.) Gehen konnte ich damit, unschwer zu erkennen, überhaupt nicht – ob ich es noch lernen werde, war ungewiss und lag in den Sternen. Na ja, sie waren auf jeden Fall schön anzusehen.

Ein besonders reizender »Fan« wünschte mir zu den neuen Schuhen gleich neue Zähne. Der Weg zum Zahnarzt war geebnet. Zum Leidwesen dieses Fans sind die Schuhe bis heute im Schrank, und meine Zähne immer noch die gleichen.

Immer wieder werden mir sehr private und persönliche Fragen gestellt: »Kann man Sie auch persönlich kennenlernen?«, »Wie wärs mit einem Date?« Eine ganz schlechte Idee! Die Palette an Angeboten reicht von Jung bis Alt, von schön bis weniger attraktiv und von weiblich bis männlich. Ich fühle mich natürlich trotzdem jedes Mal aufs Neue geschmeichelt, aber für alle gilt gleichermaßen: Dieser Zug ist längst abgefahren. Und fragen Sie nicht wohin! Einer meiner treuen Verehrer riskierte es dennoch, mich zu fragen, wohin denn meine Zugreise hingehen würde. Umgehend erhielt er Nachricht von meinem »Ziel«: Gramatneusiedl.

Eine der unfreundlicheren Debatten im Netz wollte ein anderer Fan toppen: »Wen interessiert das?« Deutsche Sprache, schwere Sprache. Der dritte Fall ist nicht der vierte – und dieser Fan war nicht mein Fall. Die Antwort: »Was machen Sie auf meiner Seite? ... Am besten einen Abgang.« Ruumps, das saß.

Das Postfach meiner Seite ist stets relativ schnell voll und manchmal sehr heiter:

»Liebe Frau Rodscher! Ich bin der Jürgen aus dem Südburgenland und eröffne demnächst ein Solarium. Wie schaut die Zukunft dafür aus?«

Oder auch: »Gerda Rogers – bis zu den blitzweißen Zähnen mit Jupiter, Mars und Venus bewaffnet, muss tatenlos zusehen, wie sich das die Sterne untereinander ausmachen.«

Schräge Begegnungen gibt es übrigens auch im realen Leben Face-to-face auf der Straße: Wie so oft bin ich mit meiner Schwester Renate in der Wiener Innenstadt unterwegs. Am Stephansplatz vorbei, beim Bummeln durch die Stadt, es war ein wunderschöner Sommertag, kam mir ein Fiaker entgegen und von weiter Ferne, zylinderziehend, rief mir der Kutscher eifrig zu:
»Ja, hallo, da kommen ja die Sterne. Frau Rogers, ich bin ein Wassermann.« Bevor ich ihm Rede und Antwort stehen konnte, galoppierte er mit dem Fiaker davon. Eine Szene, die auch für die anwesenden Passanten mehr als unterhaltsam war.

Es gibt sie aber auch – die eher weniger lustigen und unterhaltsamen Begebenheiten.
Als ich zu einem Interviewtermin nach Wien flitzte und die Operngarage verließ, überraschte mich ein Regenguss der besonderen Art. Kurzerhand dachte ich, die Welt geht unter. Ich flüchtete ins gegenüberliegende Hotel Sacher, gönnte mir einen Cappuccino, um den Regenguss abzuwarten – doch der Blick auf meine Armbanduhr zeigte mir – ich muss weiter. Beim Ausgang überreichte mir der Portier, überaus freundlich und zuvorkommend, einen mit »Hotel Sacher« gebrandeten Schirm, mit dem ich zum Termin eilte. Hätte ich keinen Schirm gehabt, wäre ich heute vermutlich ein Pudel,

wobei: begossen oder nicht, hundeliebend bin ich ja eigentlich sehr.

Drei Stunden später traf ich noch meinen Autor Clemens Trischler, der mir wieder einmal eine gerade eingegangene charmante Facebook-Nachricht auf dem Servierteller präsentierte: »Wie dekadent, Sie gehen im Regen mit einem Sacher-Schirm spazieren.« Ich frage mich wirklich, wie arm im Geiste manche Menschen sein können. Was geht das andere an, mit welchem geborgten Schirm, den ich einem netten Menschen verdanke, ich durch den Regen marschiere? Und als ich mir auch noch erlaubte, meinen modischen und stilsicheren Autor zu Emporio Armani in den Store zu begleiten, bekam ich den nächsten Hieb: Was geht manche Menschen an, was sich ein arbeitender junger Mann dort für T-Shirts kauft? Aber ich war dabei beobachtet worden, wie ich mit Clemens den Store betreten und verlassen hatte. Ich kann viele Prominente verstehen, wenn sie bei jeder Tages- und Nachtzeit mit Sonnenbrille, Kappe oder Hut verkleidet durch die Straße gehen. Wenn ich es schon in Österreich erlebe, wie schrecklich muss es wohl für internationale Stars sein? An das Geglotze in Restaurants und Supermärkten und das Ellbogen-Stoßen von Ehefrau zu Ehemann habe ich mich über die Jahre schon gewöhnt. Aber freundliche Menschen beim Spazierengehen mit ihren Hunden – oder wo auch immer – zu treffen, erfreut mich stets aufs Neue. Im 21. Jahrhundert sind Selfies die neuen Autogramme. Wie praktisch, man braucht nicht mehr schreiben, keine Autogrammkarten mehr in der Tasche zu haben – aber manchmal schaut man auf Selfies wirklich grauenhaft und entstellt aus. Manchmal erkenne ich mich selbst nicht mehr wieder.

Aber ein Knopfdruck – und sie sind gelöscht.

Man hat im Leben nicht nur Freunde, sondern eben auch Feinde. Ich muss immer wieder feststellen, dass sich Menschen zunehmend mehr mit dem Leben ihrer Mitbürger beschäftigen als mit dem eigenen. Nur so lässt sich erklären, was auch mir Unglaubliches passierte: Ein Brief der Stadtgemeinde Baden flatterte in meinen Briefkasten. Ich staunte nicht schlecht und musste ihn ganze dreimal lesen, bevor ich verstand, dass ich eine Anzeige wegen anonymer Hundehaltung erhalten hatte. Mir drohte eine vierzehntägige Arreststrafe, sollte ich nicht 240 Euro Strafe zahlen und den Hund nicht sofort anmelden. Der Griff zum Telefon war rasch getan und die Dame erklärte mir: »Es liegt eine anonyme Anzeige am Tisch, dass Sie einen Hund besitzen und keine Hundesteuer bezahlen.« Der Fall war rasch geklärt – besagter Hund ist Shirley, der Hund meiner Freundin Chris Lohner, für den ich, wie bereits erwähnt, oft die »Hundeoma«-Rolle übernehme. Natürlich ist der Hund angemeldet und für ihn wird Hundesteuer bezahlt. Aber eben von der Besitzerin und nicht von mir. Leute gibt's, die gibt's nicht. Social Media-Plattformen wie Facebook und Instagram sind zusammenfassend in der heutigen Welt nicht mehr wegzudenken. Die Kommunikation funktioniert so schnell und einfach wie nie zuvor, leider verliert sich dadurch die persönliche Gesprächsbasis und emotionale, verletzende Äußerungen werden anonym, unüberlegt und verletzend abgeschickt. Ein Benimmseminar wäre hier für einige User unabdingbar.

Meine schrägsten Praxiserlebnisse

Im Laufe meiner jahrzehntelangen Arbeit als Astrologin hatte ich natürlich auch außergewöhnliche Begegnungen und Geschichten, die nur das Leben schreibt. So etwas kann man nicht kreieren und erfinden schon gar nicht. Es gibt wenig, das mich überrascht oder gar verblüfft. Alexander war einer der wenigen, dem dieses Phänomen gelang. Einer meiner langjährigen Stammkunden, der nicht besonders viel Glück in Liebe und Beruf hatte, aber sehr attraktiv, groß und stets adrett gekleidet war.

Eines Nachmittags stand eine zierliche, blonde, große und langbeinige Frau mit einem Vorbau, der definitiv nicht von Gott geschaffen war, im Flur, die ich eigentlich nicht erwartet hatte.

Etwas irritiert fragte ich sie: »Sind Sie die Begleitung von Herrn Alexander?« – »Ich bin Alexander«, entgegnete mir eine ausgesprochen erotische Stimme. Zuerst dachte ich, dass auch meine Ohren mit zunehmendem Alter etwas schlechter wurden, aber auf die wiederholte Frage meinerseits wurde mir klar: Aus Alexander war Alexandra geworden. Der kecke Kurzhaarschnitt war langen roten Haaren gewichen und aus der einst männlichen Stimme war eine Frau mit verblüffender Ähnlichkeit zu Frau Knackal, der Sekretärin aus dem Amt für Weihnachtsdekoration, in der TV-Serie »MA 2412«, geworden. Ich war ein wenig sprachlos. Nein, was heißt ein wenig, ich war verblüfft. Alexander hatte sich seinen heiß ersehnten Wunsch schmerzhaft erfüllt. Eines blieb aber gleich: Die Probleme konnte er auch damit nicht lösen. Alexander hatte sie lediglich an Alexandra übertragen.

Schräg war auch ein Telefonat aus dem Ausland. Eine gesetzte, ältere Damenstimme fragte mich nach ihren zukünftigen beruflichen Tendenzen – sie wurde gleich konkret:»Ich bin zurzeit Zuckerbäckerin und möchte den Beruf umsatteln.

Ich fragte sie, welche Richtung sie sich denn vorgestellt hätte. Ein eigenes Lokal vielleicht? Oder wollte sie sich als Tortenspezialistin profilieren? Weit gefehlt.

Sie entgegnete:»Nein, wie würden Sie mich als Domina sehen?«

Mit ihrer starken Skorpion-Besetzung konnte ich sie mir in ihrer neuen Arbeitskleidung, Lack und Leder, sehr gut vorstellen. Ja, gewisse Talente entdeckt man eben erst im Alter.

Oder einmal, als ein ungestümer, feuriger Schütze-Fan, doch in massiver Aufregung ob seines Schicksals, meine Praxis aufsuchte. Ohne Termin wohlgemerkt! Nach einem sehr anstrengenden Tag bin auch ich manchmal ein wenig geschafft und dennoch ging ich genervt zur Türe. Ich öffnete, brüllte laut und deutlich »Ich bin nicht da« und schon fiel die Türe wieder ins Schloss.

Wie ich bereits erwähnt habe, ist der Zug für die Liebe längst abgefahren – und trotzdem bekomme ich immer noch Fan-Liebe der besonderen Art. Alter egal, Geschlecht egal, eigentlich alles egal.

Da kam eine zierliche Frau, Mitte vierzig in meine Praxis, wie üblich, um ihre Tendenzen für die Zukunft ein wenig genauer zu erfahren. Wir hatten ein sehr angenehmes Gespräch, durchleuchteten sämtliche Lebensbereiche wie Job, Finanzen und Partnerschaft, worauf sie sich bei letzterem Thema – und für mich vollkommen unvorbereitet – wandelte und mir offenbarte, dass sie keinen Partner, sondern eine Partnerin bevorzuge. Plötzlich, und für mich regelrecht schockierend, stellte sie mir die Frage: »Darf ich Ihnen einmal Ihre Füße küssen?« Mir blieb das »Nein« fast in der Kehle stecken, ich rang nach Luft und Worten und konnte sie doch davon überzeugen, dass sie bei mir an der falschen Adresse war. Sie war traurig, stand auf und ward nie wieder in meiner Praxis gesehen. Menschliche Gefühle sind eben oft unkontrollierbar, das Wichtigste ist lediglich, dass man glücklich ist, ob Männlein oder Weiblein ist irrelevant.

Es überraschte mich aber auch einmal eine Postkarte von einem stürmischen Verehrer aus dem schönen San Remo: »Liebe Frau Rogers! Sie lieben doch Italien! Hier lebe ich!« Auf der Postkarte hatte er zu meinem Verständnis einen Pfeil auf sein Haus eingezeichnet, damit ich auch ja wusste, wo und wie er lebte. Er fuhr fort: »Kommen Sie zu mir, wo die Orangen und Zitronen blühen und das ganze Jahr die Sonne scheint.« Trotz der netten Einladung bevorzugte ich das kühle Österreich.

An eines der skurrilsten und für mich vollkommen unverständlichsten Angebote erinnere ich mich ebenso mit einem Lächeln und Kopfschütteln zurück, als mir ein Angebot des ungarischen Playboys persönlich angeboten wurde. Wohlgemerkt zählte ich zu diesem Zeitpunkt bereits einundsechzig Lenze und war doch schon ein wenig zu alt für die Zielgruppe der Leserschaft. Zuerst dachte ich an einen schlechten Scherz – und wollte schon vulgär werden, aber mir wurde klar: Der Kerl meinte es tatsächlich ernst. Ich lehnte ab – für ihn völlig unverständlich –, worauf das Angebot einen noch schrägeren Anstrich bekam: »Wir können Sie ja gemeinsam mit Ihrer Zwillingsschwester ablichten. Doppelte Schönheit zieht doppelt.« Na, dem hatte es den Vogel komplett hinausgeschossen. Auch dies lehnte ich ab, denn für mich gilt bis heute: Lieber schön anziehen als ausziehen.

Niemand ist gern allein. Wie ich in meiner Praxis sehen kann, ein Thema, das uns Menschen bis ins Grab begleitet. Diese Frage ist alters- und geschlechtslos.

In der Jugend lautet sie: »Wann kommt er?«, und im Alter: »Kommt noch einer oder eine?« Aber auch da gibt es eine Zeitqualität. Man muss ein bisschen realistisch bleiben, denn man hat mit siebzig sicher nicht mehr die Chancen wie mit zwanzig. Manche glauben das nicht, aber die Realität holt uns alle auf den Boden der Tatsachen. Selbst alt sein und jemand Gleichaltrigen zu finden, ist, wie die Stecknadel im Heuhaufen zu entdecken. Frauen sind da mit Sicherheit benachteiligter als Männer, denn der Jugendwahn hat auch da Einzug gehalten.

Meine Frage an ältere suchende Männer: »Welche Altersstufe haben Sie sich denn vorgestellt?« Die Deadline ist da heute die vierzig, denn die darauffolgende Antwort ist mindestens genauso surreal: »Ich brauche ja eine, die mich im Alter pflegt.« Der Grat zwischen Partnerin und Pflegerin ist dann ein sehr, sehr schmaler. Die wirtschaftliche Basis spielt immer eine gewichtige Rolle. Je jünger desto besser, auch wenn es nur von kurzer Dauer ist.

Wer eine gute, beständige Beziehung führt, wird sich wegen eines kurzfristigen erotischen Abenteuers nicht ins Unglück stürzen. Das erlebe ich oft in meinen Beratungsgesprächen. Ich bewundere immer Menschen, die gemeinsam alt werden – zählt doch dann nicht mehr die Erotik, sondern das Herz, die Seele und die lange Verbundenheit. Das Alter ist hier besonders gegen uns Frauen. Der größte Wunsch für die meisten Männer ist doch, die Jugend einer Frau an ihrer Seite zu haben.

Scheidungen und Trennungen ziehen sich durch das Leben wie ein roter Faden – das Wichtigste zum Überleben, besonders für Frauen jeder Altersklasse, sind Eigenständigkeit und wirtschaftliche Unabhängigkeit.

Frauen meines Jahrgangs waren und sind im Vergleich zu heutigen absolut benachteiligt, denn die Altersversorgung hieß Ehemann – und somit war man abhängig.

Wenn Frauen verlassen werden, ist der erste Gedanke oft: »Ich brauche wieder einen Partner, um wirtschaftlich im Alter zu überleben.« Die Pensionen sind ja klein und außerdem war man oft gesetzlich nicht abgesichert wie das heute der Fall ist. Von diesem Gesichtspunkt gesehen wird der Beginn einer neuen Beziehung zum vorprogrammierten Drama und wieder schlittert man in die ungewollte Abhängigkeit. Ein Teufelskreis.

Das Praxisleben und die vielen Beratungen waren auch für mein persönliches Leben entscheidende Wegweiser und bis heute wird mir täglich bewusst, dass ich auf diese Erfahrungen und den damit verbundenen Liebeskummer und das Herzensleid verzichten kann und sie daher keinen Platz in meinem Herzen und Leben haben. Fünfundzwanzig Jahre Ehe haben diesen Erfahrungswert zur Genüge abgedeckt.

Jung – und verliebt geht es hinein ins unbekannte Abenteuer der Gefühle

Die Liebe, ein Thema, das – wenig überraschend – viele Ratsuchende in meine Praxis führt. Und das trotz Facebook, Tinder und anderen Dating-Plattformen. Möglichkeiten über Möglichkeiten und trotzdem allein. Für mich ist es unverständlich, wenn diese Fragen mir von jungen Menschen gestellt werden: »Kommt er?«, »Bleibt er?«, »Heirate ich?« und »Bekomme ich Kinder?« Die Wunschträume fast jeder Frau. Ich glaube die Überflutung der Angebote und Möglichkeiten macht die Wahl zur Qual und das Streben nach jemand Besserem und das Gefühl, noch etwas zu versäumen, vereinfachen das Thema nicht unbedingt. Für viele sind drei Monate schon eine Langzeitbeziehung, für viele liegt der ultimative Kick im wöchentlichen Diskobesuch. Dort braucht man ja nur wirken und nicht sprechen. Die böse Überraschung erfolgt beim näheren Kennenlernen – oder es war wieder einmal nur Sex und nicht mehr. Niete zieht keinen Hauptgewinn. Noch dazu ist es in der Disko ja dunkel und am nächsten Morgen hell.

Durch die Emanzipation der Frau und durch die Ausbildung, die Frauen heute genießen können, hat sich das Blatt gewendet. Sie wissen genau, was sie wollen und wie sie wollen und vor allem, was sie nicht wollen. Sie suchen nicht, so wie vielleicht früher, den Altersversorger. Die Folge ist, dass auch Männer Angst bekommen, wie selbstbewusst Frauen oftmals ihre Wünsche äußern. Dadurch haben Romantik und Illusion verloren.

Die Scheidungsrate der scheidungswilligen Ehefrauen ist absolut gestiegen – auch Männer bleiben auf der Strecke. Wie ich beobachten kann, sind sie dann davon geschädigt und heiratsscheu. Die Last der Verantwortung drückt ihnen auf die Schultern und die Angst vor einem Wiederholungsfall ist zu groß. Die Beziehungen, die die größten Krisen am positivsten meistern, sind jene, die in getrennten Wohnungen leben. Der Ehealltag, das 24-Stunden-Miteinander tut vielen Menschen wohl nicht besonders gut, obwohl wir uns gerade diese Verbundenheit von Herzen wünschen. In einem gewissen Alter ist es auch der bevorzugte Lebensstil – in jungen Jahren ein Ding der Unmöglichkeit.

Ehe, Partnerschaft und Kinder sollte jeder einmal erlebt haben – sonst droht wieder der Gedanke im Alter, dass man etwas versäumt haben könnte. Dennoch: Kaum hat man dieses Drama hinter sich gebracht, ist das nächste schon in Reichweite. Man glaubt, hofft, nein oft »weiß« man, dass es diesmal anders und besser werden wird. Erfahrung macht klug, aber Menschen lassen sich nicht in die gewünschte Form biegen, die man gerne hätte. Frei nach Arthur Schnitzlers »Reigen«.

Der Trend zum öffentlichen Leben zwischen gleichgeschlechtlichen Paaren wird Gott sei Dank immer stärker und ist heute salonfähiger und normaler als zu meiner Jugend. Damals war nicht einmal im Traum möglich, die Liebe zwischen Mann und Mann und Frau und Frau zu leben. Ein Tabuthema. Auch sie begleiten logischerweise dieselben Probleme. Wir Menschen können unsere Gefühle und unseren Verstand einfach nicht auf die Reihe bringen. Das Thema alleinerziehende Mütter ist heute ebenfalls ein vollkommen anderes Thema als in meiner Jugend. Sex vor der Ehe war verpönt, Zusammenziehen gab es schon gar nicht und als schwangere, uneheliche Frau war man eine »Schlampe«. Die Antibaby-Pille gab es ebenso wenig wie die heimliche Liebe. Eine Zitterpartie.

Utopische Fragen ereilen mich trotzdem überall. Ob im Auto, beim Kochen oder in meinem Büro und haben oftmals mit den Sternen rein gar nichts zu tun. Ich frage mich wie eigenartig manche Menschen doch ticken. Zum Beispiel ereilte mich ein Anruf auf meiner Fahrt zu einem Live-Auftritt, als ich im Stau stand: »Können Sie mir helfen? Es kommen immer von Australien Briefe, in denen mir ein großer Gewinn prophezeit wird, aber mit der Bitte, dass ich vorher eine Summe überweisen muss.« Ein Seufzer. »Ich habe gezahlt, aber Geld ist bis heute keines gekommen. Können Sie mir sagen, wie ich zum Gewinn komme?« Nein, das kann ich nicht, denn sonst wären ja alle Astrologen Hellseher. Die Lottozahlen stehen nicht in den Sternen und so löste sich der Stau und der Weg war wieder mein Ziel.

Aber auch Personen des öffentlichen Lebens, im Volksmund »Promis« genannt, Wirtschaftsbosse, Politiker und Lebenskünstler geben sich in meiner Praxis gerne die Türklinke in die Hand.

Richard Lugner ist, und das gibt er gerne öffentlich zu, häufiger Gast meiner Beratungen. Mich fasziniert immer wieder, mit welcher Ausdauer und Energie Herr Baumeister, wie ich ihn respektvoll nenne, seine Arbeit und Medienauftritte trotz seines hohen Alters, oder vielleicht gerade deswegen, charmant und immer gut gelaunt absolviert. Am liebsten mit schönen, jungen Frauen im Schlepptau. Er polarisiert in der Society, der Welt der Reichen und Schönen, dennoch ausnahmslos authentisch und nie überheblich. Ich schmunzle manchmal, wenn er mir auf einer Veranstaltung zu ruft: »Ich muss Sie wieder einmal anrufen!« Ja, gerne, tun Sie das, Herr Baumeister!

Dancing Stars – die Leidenschaft, die keine sein wollte

Ich erinnere mich noch genau an jenen Tag, als ich meinen Koffer packte, um mit lieben Freunden noch für ein paar Tage nach Italien zu reisen und plötzlich das Telefon klingelte.

Eine sehr freundliche Dame sagte zu mir: »Frau Rogers, ich mache es kurz: Wir würden uns sehr freuen, wenn sie bei der kommenden Dancing-Stars-Staffel mittanzen würden.«

Ich musste schlucken – ich war zwar keine begnadete Tänzerin, aber für die Balkone im Italienurlaub hatte es immer gereicht. Doch außer für einen Tanz in geselliger Runde verfügte ich dazu über das Know-how einer Ameise. Wie auch immer, ich ließ mich auch auf dieses Abenteuer ein und sagte zu.

Nie sollte man unterschätzen, wie hart man tagtäglich für solch einen Einsatz trainieren muss! Ich hatte mit Andy Kainz noch dazu einen sehr ehrgeizigen Tanzpartner. Die ersten Wochen Training waren enorm anstrengend und dann kam sie – die erste Show.

Was darauf folgte, ist schnell erzählt: Der Auftritt war

kurz – ich schied aus, ich kehrte schnell wieder auf die für mich gewohnte Milchstraße zurück und mit mir die Erkenntnis, dass Tanzen nie zu meinen Stärken gehören wird.

Mein heutiges Leben, und was ich noch sagen wollte ...

Meine Reise um die Welt hatte im Jahr 2001 ein Ende gefunden. Baden bei Wien, die wunderschöne Kurstadt im Süden Wiens, wurde mein endgültiges Zuhause und seither blicke ich von hier aus in die Sterne.

Auf Drugs, Rock 'n' Roll, Alkohol und Nikotin konnte ich leicht verzichten – auf den Sex freilich nicht, pardon – ich meine auf die romantische Erotik. Aber ehrlich gesagt, ab der zweiten Lebenshälfte habe ich erkannt, dass Romanzen eigentlich immer wieder nur Wiederholungen in abweichenden Facetten sind. Udo Jürgens Hymne auf das Leben »Mit 66 Jahren, da fängt das Leben an« – konnte ich so gar nichts abgewinnen, denn mein Leben war mit 65 das gleiche wie mit 67, aber mein Weg ging eher in die geistige Richtung als ins rosarote Himmelbett. Aber für einen Mann ist Erotik und das sexuelle Erleben ein nie endendes Thema bis ins Grab – besonders für einen Star wie Udo Jürgens, der auch 1995 Gast in meinen Ö3 Sternstunden war. Ein sehr kreativer und besonders charmanter Mann für den das Thema Romantik und Gefühle aufgrund seines Venus-betonten Sternzeichens Waage absolut verständlich war.

Was hätte ich auslassen können? Ehrlich gesagt – gar

nichts. Das Leben formte mich, wie ich heute bin und dazu gehören auch einige Ehrenrunden und Umwege, die man sich vielleicht im Leben ersparen könnte, die aber im Endeffekt alle ihre Berechtigungen hatten – sonst kämen sie ja nicht.

Frei nach dem Motto: »Bereue nie, was du getan hast, wenn du im Augenblick des Geschehens glücklich warst. Bereue nur, was du tun wolltest – und nicht getan hast.«

Was hätte ich besser machen können? Im Nachhinein ist man immer klüger als zuvor. Vielleicht habe ich phasenweise zu viel auf die anderen geschaut und ein bisschen zu wenig auf mich selbst. Der pflichtbewusste Steinbock, der immer nur an Arbeit, Verpflichtung und an wirtschaftliche Absicherung denkt, hat mir da schon manchmal unbeschwerte Lebensfreude geraubt. Ach, im nächsten Leben werde ich einfach ein genuss- und lebensfreudiger Löwe. Diese Leichtigkeit des Lebens wünsche ich mir eigentlich schon. Gegen ein reiselustiges, wechselhaftes Zwillinge-Leben hätte ich eigentlich auch nichts einzuwenden. Gott sei Dank, habe ich ja in diesem Leben von diesem Sternzeichen durch meinen Mond und Jupiter in den Zwillingen ein wenig abbekommen, denn sonst hätte mein tristes Steinbock-Sein wirklich nur aus Arbeit, Arbeit und – richtig – Arbeit bestanden.

All meinen lieben Wegbegleitern möchte ich danken, die mein Leben mitgeformt haben, wie es heute ist.

Was hat das Leben mit mir noch vor? Ich halte inne, ähnlich wie in der Kirche – und lasse mich überraschen. Denn die Sterne sind mein Leben und ich freue mich auch auf mein letztes Abenteuer – auf die Reise zu ihnen.

Die Sternzeichen im ultimativen Liebescheck

Was verraten die Sterne über Sex? Wem werden die Gefühle, Erotik und Romantik im Volksmund besonders stark zugeordnet?

Das Tierkreiszeichen eines Menschen allein sagt darüber gar nichts aus, denn es kommt immer darauf an, in welchem Zeichen Mars, Venus und Mond stehen und vor allem mit welchem Planeten sie verbunden sind. Also, wie gerne im Volksmund behauptet wird: »Die Herrscher der Erotik sind die Skorpione« – diesen Spruch kann ich gar nicht unterstreichen!

Ich habe auch schon erlebt, dass man einer nüchternen Jungfrau das nicht zutraut, die mindestens zehnmal mehr Sex und Erotik abbekommen hat als so mancher Skorpion. Eine schnelle allgemeine Aussage ist in diesem Sinne immer vollkommen falsch. Wichtig: Um eine seriöse Aussage über die Gefühlsebene jedes Einzelnen treffen zu können, muss man das gesamte Horoskop sehen.

Es gibt aber in jedem Fall, was die Sternzeichen betrifft, weichere und emotionalere Menschen wie z.B. Fische, Krebse oder Waagen, die auf einer romantischen Harmoniewelle schweben.

Sternzeichen, die eher nicht so für eine dauerhafte Beziehung prädestiniert sind, sind beispielsweise eher Schützen, Wassermänner und Zwilling, aber auch hier gilt wieder: Exakte Horoskop-Auswertung wie Geburtsstunde, Geburtsdatum und Geburtsort sowie die Konstellation ihrer Venus und Marsposition sind unabdingbar. Wichtig ist, das richtige Gegenstück zu finden, denn dann kann sich ja auch dieses Bild sofort ändern. Die Ergänzung ist dabei wichtig, zu konträre Sternzeichen wie etwa Schütze-Fische sind eher problematisch, denn der Schütze sucht die Abwechslung und den persönlichen Freiraum, Fische hingegen brauchen Geborgenheit und viel Romantik und verlieren sich sofort in Verlustängsten. Verurteilen Sie aber nie Menschen, die viel erotische Abwechslung brauchen! Sie sind für den Moment genauso liebenswürdig wie alle anderen.

Wie lebt man denn als Astrologin selbst mit den Sternen?

Zuallererst: Ich brauche nicht nachschauen, ich habe sie immer im Kopf bei mir.

Es geht im Wesentlichen darum, Tendenzen zu erkennen, bei Entscheidungen den richtigen Zeitpunkt zu erwischen und in Saturnphasen mit seinen Energien sparsamer und vorsichtiger umzugehen lernen.

DIE WIDDER

 Bei ihnen muss immer alles in Bewegung sein, sie könnten ja etwas versäumen. Mit ihrer feurigen Energie legen sie das Tempo fest.

Sie sind die Kämpfer und Eroberer, also Menschen mit einem stark ausgeprägten Ego. Man findet sie daher gerne auch in der Chefetage. Sie wollen führen und leiten, sind manchmal auch ein bisschen ungeduldig und hektisch.

In Beziehungen übernehmen sie gerne Führung und Dominanz und vermitteln dem Partner das Gefühl, dass ohne sie rein gar nichts geht. Daher ist Anpassung total gefragt. Ihre innere Ruhe finden sie bei sportlichen Aktivitäten, wo sie am besten Stress abbauen können.

Berühmte Widder: Herbert von Karajan führte etwa mit dem Taktstock das Orchester, steuerte seinen Privatjet, fuhr Porsche und liebte schöne, junge Frauen wie Eliette von Karajan. Gerhard Schröder, Deutschlands Ex-Bundeskanzler, der auch heute noch umtriebig unterwegs ist – weil Arbeit hält ihn ja jung, Jürgen Drews, Keira Knightley, Quentin Tarantino oder die junggebliebene Nena

DIE STIERE

Erotik und Gemütlichkeit haben bei ihnen absolute Priorität. Sie sind heißbegehrt, wenn man auf Langzeitualität setzt. Quasi Qualität statt Quantität lautet die Devise. Daher fühlt man sich bei ihnen immer gut aufgehoben. Ach ja, und die Liebe geht besonders durch den Magen.

Sie arbeiten hart und viel, aber auch die Genusssucht darf nicht zu kurz kommen. Im Alter zeigt sich das meistens in Form von einigen Kilos zu viel. Wein, Weib und Gesang passt wirklich zum gemütlichen Stier. Große Handschlagqualität runden ihr Profil ab. Negativ ist oftmals, dass sie nicht nachgeben können und ihre Fehler durch starrköpfiges Verhalten nicht eingestehen können und auch nicht wollen.

Berühmte Stiere: Queen Elizabeth II, die auch mitneunzig Jahren immer noch nicht daran denkt, das Zepter abzugeben, Roland Kaiser, Udo Lindenberg und Verona Pooth, vormals Feldbusch

DIE ZWILLINGE

Immer etwas »Neues« lautet stets ihr Motto. Langeweile existiert nicht in ihrem Vokabular. Sie sind die Neugierigen. Die ewig jungen, lustigen Zwillinge tragen wirklich zwei Herzen in der Brust. Einmal so, einmal so. Wissbegierig flattern sie wie Schmetterlinge durchs bunte Leben. Da sie zu den Luftzeichen gehören, brauchen sie natürlich viel Freiheit und frischen Wind in ihrem Leben. Mit ihrem Witz und Humor sind sie eine Bereicherung in jeder Gesellschaft. In Liebesdingen darf man sie nicht zu eng an die Leine nehmen – sie brauchen das Haus der offenen Tür, kommen allerdings dann immer wieder gerne nach Hause. Statistisch astrologisch gesehen zählen sie zu den scheidungsfreudigen Sternzeichen.

Berühmte Zwillinge: Donald Trump, bekannt für seine etwas zwiespältigen Aussagen, John F. Kennedy, Heinz Christian Strache, Angelina Jolie, Johny Depp und Elyas M'Barek

DIE KREBSE

 Tradition und Sicherheit stehen bei ihnen an erster Stelle. Überdies sind sie sehr soziale und hilfsbereite Menschen. Ihre emotionale Befindlichkeit reicht schnell von himmelhochjauchzend bis hin zu Tode betrübt. Sie unterliegen eben einfach den seelischen Schwankungen des Mondes, wodurch sie abends aktiv und leistungsfähiger werden.

Sie sind die klassischen Umsorgertypen und engagieren sich gerne für soziale Projekte. Krebse leben keinesfalls gerne allein. Die Bedeutung der Familie ist bei diesen Tierkreiszeichen ausgeprägter als bei anderen. Diese Priorität wird unterstrichen durch die Devise: »My home is my castle!«

Berühmte Krebse: Gina Lollobrigida, Chris Lohner, Angela Merkel, George W. Bush und David Hasselhoff

DIE LÖWEN

Sie sind die Könige des Tierkreises. Ihr Herrscher ist die Sonne und genau so strahlend und erhaben schreiten sie durchs Leben. Sie lieben die Öffentlichkeit und den roten Teppich. Mit ihrer beschützenden und gönnerhaften Art sind sie erwünschte Liebhaber und Wegbegleiter.

Berühmte Löwen: Barack Obama, Madonna, Joanne K. Rowling, und die steirische Eiche, Arnold Schwarzenegger

DIE JUNGFRAUEN

 Sie sind immer verlässlich, nüchtern, aber auch teilweise sehr kontrollierend. Es fehlt ihnen die Leichtigkeit des Seins und die Überraschungen des Lebens. Jungfrauen sind ausgesprochene intellektuelle Kopfmenschen, die alles planen und hinterfragen und sehr viel Wert auf wirtschaftliche Sicherheit legen. Mit ihrem rationalen Denken verbergen sie leider viel zu oft ihr romantisches Gefühlsleben. Verlässlichkeit und Handschlagqualität sind ihre großen Stärken.

Berühmte Jungfrauen: Sebastian Kurz, Romy Schneider, Pink, Sean Connery, Ingrid Bergmann

DIE WAAGEN

Romantik pur – so lautet die Devise für die Waagen. Leider bleibt meistens der Entscheidungswille auf der Strecke, aber mit ihnen eine romantische Zeit zu erleben, ist empfehlenswert. Die Waage, die nie weiß, was sie vor lauter Abwägen und Prüfen will, verpasst manchen den Zeitpunkt zum Ja sagen. Einmal ist die Waagschale unten, einmal oben, aber selten ausgeglichen in der Mitte. Sie sind harmonisierende, teamfähige Menschen. Die Venus, der Planet der Lebensfreude, und Liebe sind ihre ständigen Begleiter, daher brauchen sie ein absolut harmonisches Umfeld.

Berühmte Waagen: Catherine Deneuve, Brigitte Bardot, Roger Moore, Christiane Hörbiger, Udo Jürgens, Richard Lugner

DIE SKORPIONE

 Sie halten, was sie versprechen, ohne sich dabei in die Karten blicken zu lassen. Ein großer Minuspunkt ist ihre ausgeprägte, dominierende Ader. Das bedeutet: »Alles oder Nichts.« Besitzergreifend. Sie verstehen es, das Leben und die Liebe zu genießen. Liebeskummer kann sich bei ihnen auch auf den Magen und die Verdauung auswirken. Denn was er tut, tut er immer extrem. Und das mit voller Leidenschaft und vollem Genuss.

Berühmte Skorpione: Alain Delon, Grace Kelly, Prinz Charles, Julia Roberts

DIE SCHÜTZEN

 Mit ihrem Herzen sind Schützen immer auf der Jagd. Sie gehören zu jenen Menschen, mit denen man Pferde stehlen kann und die keinem Abenteuer abgeneigt sind. Für sie gilt: Freiheit, Freiheit, Freiheit.

Schützen verlieren ihre Laune sehr schnell, wenn man sie ankettet oder gar einsperrt. Ein Leben mit ihnen wird nie langweilig und steckt voller Überraschungen.

Berühmte Schützen: Woody Allen, Frank Sinatra, Milla Jovovich und Miley Cyrus.

DIE STEINBÖCKE

 Sie sind eher nüchterne, aber immer auf Sicherheit bedachte Menschen, wenn es darauf ankommt. Auf spontane Liebesbekundungen muss man oft oft verzichten, aber zum Schmelzen bringt man den Eisberg unter der Decke. Auf wirtschaftliche Altersversorgung legen sie größten Wert.

Berühmte Steinböcke: Marlene Dietrich, Elvis Presley, Alexander Van der Bellen, Hildegard Knef, Nina Proll

DIE WASSERMÄNNER

 Sie sind außergewöhnlich kreative Menschen, immer ihrer Zeit voraus. Abenteuer und Abwechslung begleiten ihr gesamtes Leben. Wassermänner strotzen vor Ehrlichkeit, die manchmal auch sehr verletzend und spontan sein kann. Trotzdem gehören sie zu den sozialen und hilfsbereiten Zeitgenossen. In der Liebe gehören sie eher zu den toleranten Sternzeichen und darum sind sie stets auf der Suche nach dem Neuen. Ein loderndes und erotisches Flämmchen darf nie fehlen. Langweilig wird es mit einem Wassermann mit Sicherheit nie.

Berühmte Wassermänner: Robbie Williams, Ronald Reagan, Shakira, Dieter Bohlen und Falco.

DIE FISCHE

Sie suchen immer nach Anerkennung, man findet sie daher häufig auf den großen Bühnen der Welt. Mit ihrem Herrscher Neptun sind auch als Schauspieler und Künstler prädestiniert. Applaus tut ihnen gut. Durch ihre Verlustängste brauchen sie eine starke Schulter zum Anlehnen. Romantik und Gefühle und vor allem Geborgenheit dürfen in einer Ehe mit ihnen nicht fehlen.

Berühmte Fische: Bruce Willis, Niki Lauda, Daniel Craig und Justin Bieber, Elizabeth Taylor, eine der berühmtesten Fische-Geborenen der Welt erlebte nahezu alles, was man erleben kann – von ihren Liebesdramen bis hin zu ihrer Alkoholsucht und Entwöhnungskuren.

Welches wohl das ideale Sternzeichen für ein dauerhaftes Liebesglück ist?

Alle zwölf sind liebestauglich, das eine länger, das andere kürzer, das eine schneller, das andere langsamer, aber es kommt am Ende doch immer auf den richtigen Partner an. Topf findet Deckel. Alle zwölf Sternzeichen habe ich natürlich in der Praxis nicht ausprobiert, aber die meisten Herzensangelegenheiten waren Zwillinge-Männer – astrologisch zu hundert Prozent erklärbar. Mit meinem Jupiter und Mond in den Zwillingen harmonisch verbunden mit meiner Wassermann-Venus zog ich sie an wie die Motten das Licht.

Das Sternzeichen allein sagt nichts über die Gefühlsebene des Menschen aus. Wichtig sind immer die Planeten Mars, Venus und Mond – und wie sie miteinander verbunden sind. Harmonisch oder nicht harmonisch.

Natürlich führen die Luft- und Feuerzeichen, wie Zwillinge, Wassermann, Löwe, Widder und Schütze, die Riege Abenteurer an.

Erdzeichen, wie Stier, Jungfrau und Steinbock, sind in puncto Beständigkeit und Krisenbewältigungen die Nummer eins. Quasi ein Kriseninterventionsteam. Wirtschaftlich gesehen und häuslich sind sie ein wahrer Jackpot. Die Familie steht dabei besonders im Vordergrund.

Wasserzeichen, wie Krebse, Fische und Skorpione, brauchen den dauerhaften Gefühlskick. Einmal vernachlässigt, fällt man sofort in Ungnade und sie wenden sich alsbald und schnell dem Neuen zu, der ihnen wieder die unrealistischen, romantischen Gefühle vom Himmel holt.

Zu guter Letzt, gibt es natürlich auch Menschen wie

mich, die gerne als Junggesellen und Junggesellinnen durch das Leben gehen, aber trotzdem liebestauglich sind. Sie entkommen gerne dem Ehealltag, und das meine Lieben, kann ich aus eigener Erfahrung nur bestätigen. Natürlich ändern sich aber trotzdem Gefühle mit Erfahrungen und dem steigenden Lebensalter.

Zusammenfassend kann man sagen: Die meisten Ehen enden dort, wo sie begonnen haben: im Schlafzimmer. Sexuelle Lieblosigkeit ist für alle Sternzeichen gleich katastrophal – und das bis ins Grab.

STECKBRIEF – GERDA ROGERS

Geboren: 1. Jänner 1942 in Sumperk
Sternzeichen: Steinbock
Aszendent: Skorpion
Größe: 1,60 m (ja, klein aber oho!)
Gewicht: 51 kg (Konfektionsgröße: 36)
Augenfarbe: leuchtendes Blau
Meine Haarfarbe: blond und das bleibt so, bis ich
                         diesen Planeten verlasse.
Meine Lieblingsfarbe: azurblau
Meine Lieblingsspeise: Backhendl mit Kartoffel-Vo-
                         gerlsalat und alles Italienische
                         und am besten gut gekocht.
Meine Lieblingsmusik: Jazz
Meine Hobbys: Mein Beruf ist mein Hobby
                         sowie Gartenarbeit.
Meine größte Schwäche: Zu viel Arbeit und zu wenig
                         Zeit für mich selbst.
Meine größte Stärke: Handschlagqualität, denn was
                         ich sage, halte ich auch.
Meine Lieblingsdestination: Italien, egal wann und egal
                         wo, jederzeit und immer.
Meine letzten Worte sollen sein: Schön wares, hoffentlich
                         habe ich nichts vergessen.
Mein schönster Ort der Welt: Baden, wo ich lebe, und
                         vielleicht auch noch Rom.

STECKBRIEF – CLEMENS TRISCHLER

Geboren:	6. Dezember 1991 in Wien
Sternzeichen:	Steinbock
Aszendent:	Skorpion
Größe:	1,85
Gewicht:	70 kg
Meine Augenfarbe:	braun (Braune Augen sind gefährlich, aber in der Liebe ehrlich)
Meine Lieblingsspeise:	Ich esse eigentlich alles. Hauptsache, es schmeckt.
Meine Musik:	Ich höre alles, von Klassik bis Pop.
Meine Hobbys:	lesen, reisen, Freunde treffen, Sport
Meine größte Schwäche:	Ungeduld
Meine größte Stärke:	Spontaneität und Schlagfertigkeit

Meine Lieblingsdestination: New York

Meine letzten Worte sollten sein: ... daran will ich noch gar nicht denken

Mein schönster Ort der Welt: Zu Hause ist dort, wo du willkommen bist.